スリランカ政治とカースト

N. Q. ダヤスとその時代 1956〜1965

川島耕司

芦書房

もくじ

はじめに 1

第1章 スリランカのカーストとカラーワ 17
1 シンハラ社会とカースト 17
2 カラーワ・カーストとその起源 22
3 カラーワの経済的上昇 26
4 仏教復興運動とカラーワ 31
5 植民地期の政治改革とカースト 34
6 独立後の政治とカースト 37
7 おわりに 39

第2章 一九五〇年代スリランカにおける政治とカースト 47
1 「変遷しつつあるカースト」 48
2 一九五四年のイギリスの報告書 51

3　一九五〇年代のカースト慣習　55
4　P・ダ・S・クララトネと政治　61
5　C・P・ダ・シルワとサラーガマ・カースト　65
6　おわりに　72

第3章　一九五六年の政治変革　81
1　ドノモア憲法と「コミュナリズム」　82
2　仏教委員会の報告書とその影響　87
3　N・Q・ダヤスと政治変革　95
4　一九五六年の選挙とシンハラ・オンリー政策　102
5　おわりに　107

第4章　S・W・R・D・バンダーラナーヤカとシンハラ仏教ナショナリズム　117
1　新政権とナショナリズム　117
2　N・Q・ダヤスとS・W・R・D・バンダーラナーヤカ政権　122
3　メッターナンダの言論活動　126

4 BC協定批判 129
5 バンダーラナーヤカ暗殺 133
6 おわりに 140

第5章 バンダーラナーヤカ夫人政権とN・Q・ダヤス 149
1 バンダーラナーヤカ夫人の政権獲得 150
2 N・Q・ダヤスと新政権 154
3 学校の国有化 157
4 軍隊の仏教徒化 160
5 一九六二年のクーデター未遂事件 164
6 BJBの設立とポーヤ日 166
7 一九六六年のクーデター未遂事件 170
8 おわりに 174

おわりに 187

あとがき 197／索引 208

はじめに

スリランカ社会のもつ明確な特徴の一つは、カーストに言及すること自体が強力なタブーであることである。カーストはセンシティブな話題であり、日常会話のなかでは極力回避され、公的な議論のなかにもほとんど登場しない。スリランカ政治においては、個人の権利、女性の権利、あるいはエスニック・マイノリティの権利という議論は登場するが、マージナルな地位におかれたカーストに属する人々の権利という概念はほぼ存在しない。逆に、カースト間の平等に関する問題を提起しようとする試みはしばしば非難や叱責、あるいは侮蔑の対象となる。カーストを扱うことは、マナー違反であり、不必要で時代遅れであるとされる。あるいは、社会的結束への脅威であるとされ、意図的な社会的分断の手段であるとみられることさえある。(1)

その結果、カーストに関わる問題があったとしても、著しく過小評価される。カーストに関してはスリランカ社会は十分に平等主義的であるとされ、カーストを識別することには意味がないというのが「スリランカ全体に渡る標準的な反応」となっている。(2) 実際、非常に頻繁にみられるのは、「スリランカのカーストはインドのそれほどは問題ではない」、あるいは「シンハラ社会においてはカーストは北部のタミル人社会ほどは深刻ではない」という主張である。こうした反応が生まれる背景についてカンナンガラは、カーストが後進的で非近代的で抑圧的であるために、そのことに当惑する人々は無視することを好むからだと述べている。[3]

しかしカーストに関わる問題が存在しないわけでは決してない。スリランカのほとんどの人々はカーストを認識しているといわれる。日常会話に出ることはめったにないが、プライベートな親しい人々との会話では言及されることはある。また揉め事が起きた時の罵りの言葉にも出ることもある。結婚に関しても、かつてほど厳格ではなくなってきているが、異カースト婚をできる限り避けようとする傾向は今も存在している。[4] 新聞の結婚相手を募集する広告には今でもカースト名が記されており、カーストへの配慮に無関係な事例はわずかである。[5] たとえば、"Bodhu Govi"あるいは"BG"、つまり「仏教徒のゴイガマ」として学歴などとともに自らを紹介する結婚広告は多い。[6] またニカーヤと呼ばれる仏教僧の集団においてもカーストが一定の役割を果たしていることは公然の事実である。低位カーストにも得度を与えようとする動きがシャム・ニカーヤのなかにあることは確かであるが、少数派の主張にとどまっている。[7]

低位であるとされるカーストの人々への差別や排除も明らかに問題である。スリランカでは人口の三割ほどが何らかのカースト差別を受けているといわれる。特に非常に低いとされているロディヤやキンナラといったカーストに属する人々は差別、禁止、排除といった扱いを多く受けてきた。たとえ教育を受けたとしても就職には困難がつきまとい、彼らは概して非常に貧しいといわれる。調理した食物を低位カーストの村民から受け取ることを高位カーストの仏教僧が拒否したり、子どもたちが学校において高位カーストの教員から差別を受けたりすることも少なくとも最近まではあった。多くの子どもたちは入学によって自らが低位カーストに属していることを知るのだという(8)。ワフンプラやバトゥガマといった中位のカーストにおいても教育や就業機会に関する不満があった(9)。

こうした経済的に恵まれない階層におけるカースト差別に加え、経済的に富裕であり政治的にもかなりの影響力をもつエリートの間におけるカースト問題も少なくとも二〇世紀半ばにおいては重要な問題であった。私企業においては多くの高位の役職は経営者のカーストに従う傾向があり、企業間の協力関係にはカーストが関わることがあった。政治的分野においてもエリート層のカーストは同質化する傾向があり、地位が高くなればなるほどカーストが重要になったといわれる。政府の任用においては低位の役職ではカーストは無関係であったとしても、有力なエリートとなるとゴイガマが優勢となった。そのため非ゴイガマの間ではカーストが自らの昇進に不利に働くという不満があった(10)。

実際、スリランカ政治においてはカーストは重要な要因の一つであった。カースト自体が政治的論点になることはなく、どの政党においても候補者がカーストを表明することはめったになかった。しかし非公式の政治的な会話においてはカーストはきわめて重要なテーマとなった。カースト内の結束やカースト間の対立は選挙時に明らかにみられたし、政府職や入植地の配分などにおいてもカーストへの配慮がみられた。そのため、政党はその選挙区のドミナントなカーストを候補者に指名することになっていた。その結果、チラウからタンガッラまでの南西沿岸部においては基本的に非ゴイガマが選出された。選挙区におけるカーストへの配慮は現在でも続いている。(11) しかし、こうした沿岸部を除けば、ほとんどの地域においてゴイガマがきわめて有利であった。実際、シンハラ人議員の圧倒的多数はゴイガマであった。たとえば、ゴイガマの議員は、一九五六年七月の選挙で選ばれた全議員のうちの五七・六パーセント、シンハラ人議員の七二パーセントを占めていた。(12)

さらに、先にも触れたように、カーストには地位が高くなるにつれその重要性が増すという特質があるといわれる。閣僚にさまざまなカーストの者が存在してきたことは事実である。しかし首相と重要閣僚のほとんどはゴイガマであった。一般に非ゴイガマの有力者が政党の中枢にいたとしてもゴイガマであることが首相の「暗黙の必須条件」であると考えられていた。(13) そして実際、今日に至るまでスリランカの最高権力者、つまり首相と大統領のほぼすべてはゴイガマであった。よく知られているようにラナシンハ・プレマダーサ(大統領、一九八九~一九九三年)は唯一の例外である。

カーストがタブーとされる社会のなかでスリランカのメディアがカーストと政治の関係を論じることはまれであったが、二〇一〇年一月の大統領選挙はそのわずかな例外の一つである。この選挙はゴイガマのマヒンダ・ラージャパクサとカラーワのサラット・フォンセーカとの間で争われたものである。フォンセーカは二〇〇九年五月の内戦終結をもたらした英雄であった。将軍という地位にあったこの軍人は絶大な人気を背に大統領選に出馬したが、マヒンダ・ラージャパクサに敗北した。その直後、彼はさまざまな罪状によって逮捕された。選挙後には軍関係者からもかなりの数のカラーワ・カーストに属する人々が追放された。(14) その後フォンセーカは、軍務に従事しながら政治に関与したという罪で三〇か月間の禁固刑を軍法会議において宣告された。(15) この一連の出来事は少なからぬ人々に政治とカーストの問題を改めて想起させることになった。この選挙にはカラーワとゴイガマの歴史的な対立が反映されており、選挙前には「カースト・カード」が引かれ、選挙後には多くのカラーワの軍人や仏教僧が逮捕されたと主張されたりした。(16)

このように政治とカーストの関係がメディアで話題になることは例外的なことであり、報道されることは非常にまれである。しかし、ゴイガマが有利であるとされる状況が存在してきたことはおそらく間違いがない。このことは政治にどのような影響を与えたのであろうか。あるいは、非ゴイガマのエリートはこの状況にどのように対応したのであろうか。こうしたカーストと政治の問題を検討するのが本書のテーマである。特に本書においては一九五六年の政治変革を中心に、カラーワ・カーストに属するN・Q・ダヤスという人物に注目したい。(17) カラーワは、サラーガマやドゥラーワ(この三つでしばしばKSDカーストと称される)とともに植民地時代以降大きくその地位を向上させた。カラーワのエリートたちのなかには、その収入、教育、土地所有においてゴイガマのエリートたちをはるかにしのぐ一族も登場した[18]。しかし政治的側面においてはカラーワたちの試みは必ずしも成功せず、特に一九三一年の普通選挙制度導入以降、シンハラ社会の約半数を占める最高位カーストであるゴイガマの優越的地位はますます明確になった。カラーワのエリートの一人であるダヤスがこの状況にどのように対応したかを明らかにすることが本書の主要な目的である。

N・Q・ダヤスに注目するのは、彼が一九五六年の政治変革や六〇年代のシンハラ仏教ナショナリズムに基づく政策の実現に大きく関わったからでもある。もちろんそれらはその後の民族問題の展開に明らかに重要な影響を与えた。周知のように、S・W・R・D・バンダーラナーヤカが「シンハラ・オンリー」政策を掲げて政権を握り、彼の死後、妻のバンダーラナーヤカ夫人がタミル人の抵抗への対決姿勢を明確化し、シンハラ仏教徒中心的な政策を推し進めたことは民族間の関係悪化を大きく促す要因となった。そしてこのどちらにもダヤスは深く関わっていた。民族問題の展開に与えた彼の影響は明らかに大きい。しかしながら、ダヤスや彼の周囲の人々の活動が果たした役割に関しては断片的な記述はあるものの、十分に検討されているとはいえない。

ダヤスに関心を向けるのは、民族紛争の深刻化過程においてエリートが果たした役割の検討が十分ではないと思われるからでもある。一般的にいって、マイケル・ブラウンが指摘するように、国内的な紛争の原因に関しては、政治、経済、社会といったマス・レベルの説明が好まれ、エリートやリーダーの果たした役割が注目されることは少なかった。しかしながら、多くの紛争は明らかにエリート・レベルの要因が引き金となって発生している。紛争の深刻化に果たしたエリートの役割は間違いなく大きい。ブラウンがいうように、ある意味「悪いリーダーは最大の問題」である。もちろんマス・レベルの要因が紛争の基底にあることは間違いないのであるが、誰が対立を煽ったのか、あるいは誰がどのように紛争に向けて舵を切ったかという視点はきわめて重要であろう。そしてブラウンが主張するように、その解明には十分には関心が払われてこなかった。スリランカにおいてもこの指摘は十分に当てはまると思われる。ジェームズ・マナーによるS・W・R・D・バンダーラナーヤカに関する研究、あるいはK・M・ダ・シルワとリギンズによるJ・R・ジャヤワルダナ（大統領、一九七八〜一九八九年）に関する研究等はあるものの、個々のエリートに焦点を当てた研究は未だ明らかに不十分である。先述したようにN・Q・ダヤスに関してはほとんど研究がなされていない。

主に用いた一次史料は、イギリスの国立公文書館に所蔵されている自治領省（Dominion Office）などの行政文書である。スリランカは独立後の一時期には自治領（Dominion）、その後には英連邦王国（Commonwealth Realm）としてイギリスとの関係を保った。こうした制度的なつながりに加え、両国の間には緊密な経済的関係があった。独立後もスリランカ（当時はセイロン）はイギリスの重要な貿易相手国であったし、さまざまな形でこの島に権益をもつイギリス人たちは多かった。彼らは茶園、銀行、その他のビジネスを所有していたし、スリランカで働くイギリス人も多かった。スリランカからの送金を得ているイギリス人も多数あった(19)。このような政治的、経済的関係の深さからイギリス政府は独立後もこの旧植民地に大きな関心を持ち続けた。そのため、独立後のスリランカの政治的、経済的状況に関するきわめて多くの行政文書がイギリスには保管されている。しかしながら、学術的に利用されている文献は植民地省時代のそれに比べ明らかに少ない。本書はこれらの史料を主に用いて、独立後のきわめて重要な時期におけるスリランカ政治のあり方を、特にカーストと政治という視点から検討しようとするものである。

本書の構成は次のようになっている。まず第一章においては、シンハラ社会のカースト制度について概観し、その後特にカラーワを中心に植民地時代におけるカーストの経済的、社会的変容、仏教復興運動などとの関係を検討する。第二章においては、本書が主に扱う一九五〇年代を中心とする時代におけるカーストの状況を、当時の新聞、イギリス人外交官による報告書、学術研究等により明らかにする。また特定の非ゴイガマ・カーストの政治家に着目し、この時代におけるカーストと政治との関係を考察する。第三章においては、スリランカの民族問題の展開にきわめて大きな影響を与えた一九五六年の総選挙とN・Q・ダヤスとの関係を明らかにする。第四章では、この選挙において実現したS・W・R・D・バンダーラナーヤカ政権下におけるシンハラ仏教ナショナリズムの動向を検討する。そして第五章においては、一九六〇年代前半のバンダーラナーヤカ夫人の政権下における政治的状況をN・Q・ダヤスの活動を中心に明らかにする。

【注】

（1） Janice Jiggins, *Caste and Family Politics of the Sinhalese, 1947–1976* (Cambridge: Cambridge University Press, 2010, first published 1979), p. 7; Jayadeva Uyangoda, 'Local Democracy and Citizenship in the Social Margins', Jayadeva Uyangoda and Neloufer de Mel (eds.), *Reframing Democracy: Perspectives on the Cultures of Inclusion and Exclusion in Contemporary Sri Lanka* (Colombo: Social Scientists' Association, 2012), pp. 38, 88; Newton Gunasinghe, *Changing Socio-Economic Relations in the Kandyan Countryside* (Colombo: Social Scientists' Association, 2010), p. 118; Kalinga Tudor Silva, P. P. Sivapragasam, Paramsothy Thanges (eds.), *Casteless or Caste-Blind?: Dynamics of Concealed Caste Discrimination, Social Exclusion, and Protest in Sri Lanka* (Colombo: Kumaran Book House, 2009), pp. 1, 5, 122; Asiff Hussein, *Caste in Sri Lanka: From Ancient Times to the Present Day* (Battaramulla: Neptune Publication, 2013), p. 1.

（2） Caitrin Lynch, *Juki Girls, Good Girls: Gender and Cultural Politics in Sri Lanka's Global Garment Industry* (New York: Cornell University Press, 2007), pp. 5, 134; Uyangoda, 'Local Democracy and Citizenship in the Social Margins', p. 88.

（3） A. P. Kannangara, *A Survey of Social Change in an Imperial Regime* (Colombo: Vijitha Yapa Publications, 2011), p. 113.

（4） Silva, Sivapragasam, Thanges (eds.), *Casteless or Caste-Blind?*, pp. 9, 30.

(5) Kannangara, *A Survey of Social Change*, p. 112.

(6) *Sunday Observer*, 10 September 2017.

(7) Ananda Abeysekara, *Colors of the Robe: Religion, Identity, and Difference* (Columbia: University of South Carolina Press, 2002), pp. 182, 183; Hussein, *Caste in Sri Lanka*, p. 286.

(8) Uyangoda, 'Local Democracy and Citizenship', pp. 47–54.

(9) Silva, Sivapragasam, Thanges (eds.), *Casteless or Caste-Blind?*, pp. 23, 35, 43, 47, 49; Uyangoda, 'Local Democracy and Citizenship in the Social Margins', pp. 5, 51; Jiggins, *Caste and Family Politics*, p. 75; Hussein, *Caste in Sri Lanka*, p. 285.

(10) Bryce Ryan, *Caste in Modern Ceylon: The Sinhalese System in Transition* (New Delhi: Navrang, 1993; first published Chapel Hill, NC: Rutgers University Press, 1953), pp. 321, 323, 324, 339.

(11) Robert N. Kearney, *The Politics of Ceylon (Sri Lanka)* (London: Cornell University Press, 1973), pp. 181–84; Jiggins, *Caste and Family Politics*, pp. 51, 55, 144; Gunasinghe, *Changing Socio-Economic Relations*, p. 144; Kannangara, *A Survey of Social Change*, p. 112.

(12) Jiggins, *Caste and Family Politics of the Sinhalese*, p. 86.

(13) Kearney, *The politics of Ceylon*, p. 187; Kannangara, *A Survey of Social Change*, p. 112.

(14) *The Sunday Leader*, online, 14 Feb. 2010. http://www.thesundayleader.lk/2010/02/14/the-sinhala-caste-equation-and-fonseka-arrest/（二〇一三年一月八日にアクセス）。

(15) *BBC News Asia*, online, 22 May 2012, http://www.bbc.co.uk/news/world-asia-18156260（二〇一三年一月八日にアクセス）。

（16）Lakruwan de Silva, 'The Sinhala Caste Equation And Fonseka Arrest', *The Sunday Leader*, 14 February 2010, http://www.thesundayleader.lk/2010/02/14/the-sinhala-caste-equation-and-fonseka-arrest/（二〇一一年一〇月二三日にアクセス）; Izeth Hussain, 'Caste In SL Politics', *The Sunday Leader*, 21 February 2010, http://www.thesundayleader.lk/2010/02/21/caste-in-sl-politics/（二〇一一年一〇月二三日にアクセス）; Michael Roberts, 'Caste in modern Sri Lankan politics', *The Island*, 25 February 2012, http://www.island.lk/2010/02/25/features1.html（二〇一八年二月一六日にアクセス）。

（17）ダヤス（Dias）はダヤシリ（Dayasiri）の西洋化された呼称である。N・Q・ダヤスはそのナショナリスト的信条にもかかわらず自らの名前は変えなかった。しかし彼の子どもたちはダヤシリという呼称を用いている。Neville Jayaweera, *Jaffna: Exorcising the Past and Holding the Vision: An Autobiographical Reflection on the Ethnic Conflict* (Maharagama: Ravaya Publishers, 2014), p. 78.

（18）Kumari Jayawardena, *Nobodies to Somebodies: The Rise of the Colonial Bourgeoisie in Sri Lanka* (Colombo: Social Scientists' Association and Sanjiva Books, 2000), p. 320.

（19）Background Paper on Ceylon, c. 25 June 1964, DO196/322, National Archives, London.

第1章　スリランカのカーストとカラーワ

シンハラ人の大多数は仏教を信仰している。ブッダの教えそのものはカーストを否定するものであるが、仏教徒の間にもカーストは確実に存在する。そもそも仏教僧の組織であるニカーヤにおいてもカーストによる分断は明らかである。一般の信者においても、カーストは確実に意識されており、特にそれは結婚において重要な要素となりうる。今でも、新聞の日曜版の結婚広告欄には、カースト名の提示がみられる。スリランカのカーストはどのようなもので、どのように変化してきたのか。本章ではまず、シンハラ人社会のカースト制度について概観する。その後、多くの富裕層を生みだしたカラーワというカーストを中心に、主に植民地時代の変容、仏教復興運動を含む政治的、社会的運動との関わりを論じていきたい。

1　シンハラ社会とカースト

シンハラ社会には代表的カーストが一五ほどあるといわれる。その最高位にあるとされるのはゴイガマ（Goigama）である。このカーストの人々は多くの土地を管理し、低位カーストのサービスを受ける権利をもっていた。彼らはシンハラ人人口の半数ほどを占める大カーストであり、「至る所におり、あらゆる場所で支配的地位を占めている」ともいわれた[1]。ゴイガマのなかでも特別に高い地位にあると考えられてきたのがラダラ（Radala）というサブ・カーストである。第五章で扱うことになるシリマーウォー・バンダーラナーヤカ首相はこのラダラの出身である。

ワフンプラ（Wahumpura）とバトゥガマ（Bathgama）はゴイガマの奉公人のような地位のいわばサービス・カーストであった[2]。ワフンプラはかなり大きなカーストで、カンデヨ（山の民）、ハクル（粗糖造り）などとも呼ばれる。彼らの大半はキャンディ地域では同質的な村を形成し、農業を行っていた。ヤシの樹液から粗糖を生産する者たちもあったが、彼らだけが粗糖造りを行うわけではなかった。バトゥガマも数の多いカーストである。パドゥとも呼ばれ、圧倒的多数がキャンディ地域に居住していた。肉体労働のみに適し、家内労働には不適であると高位カーストからはみられていた。大半のバトゥガマの人々は土地をもたず、労働者として生活していたといわれる[3]。

シンハラ社会のカースト秩序においてアウトカースト、つまり特に低い地位にあるとみられているのがロディヤ（Rodiya）、キンナラ（Kinnara）、ガハラ（Gahala）である。彼らは孤立した村落に住むことが多く、また数々の規制を受け、社会的排除の対象となってきた。たとえばかついては茶店では彼らにはココナッツの殻で茶が出された。学校にも受け入れられにくく、受け入れられても差別を受けた。高位カーストの仏教僧はロディヤの家での葬儀への参加を拒否した。ロディヤという呼称の語源は汚物（rodu）という言葉であると考えられている。彼らは死畜の除去、皮革加工、箒作り、カツラ作りなどを世襲の職業としてきた。キンナラは旧キャンディ王国地域にみられるカーストで、シンハラ社会の最下層にあるともされた。ほとんど土地をもたず、マット作りや不定期的な労働で生計を立ててきた。彼らは森のそばに住む野生により近い部族的な人々であるとみなされており、魔術を使ったり、呪術によって不幸をもたらしたりする力があるとして知られてもいる。ガハラ（またはガハラ・ベラワー）は死刑執行、道路清掃、死畜処理などを行ったカーストで、彼らも非常に低い地位にあるとされた。こうしたカーストの人々のなかには、移住し、改名することでカースト出自を消そうとしたり、キリスト教に改宗したりする人もいた(4)。

ところで、スリランカではイギリス植民地政府によって一八七一年から本格的なセンサスが行われたのであるが、インドとは異なり、カーストは調査の対象とはならなかった。そのため諸カーストの人口比に関しては今日においても信頼できるデータは得られない。ただ、たとえばゴイガマは、大まかにいって、シンハラ人口の半数ほどであるとされている。「少なくとも過半数」という見方もある(5)。

ジギンズは一九七〇年代にカースト別人口を聞き取り調査によって明らかにしようとした。

彼女はスリランカの一七か所でカーストの割合について聞き取り調査を行い、それを平均化するという手法でカースト別人口を推定した。こうして彼女は、一九七〇年代半ばにおけるシンハラ人人口八九〇万人のうち、ゴイガマが四五〇万人、サラーガマ、カラーワ、ドゥラーワを合わせて八〇万人、バトゥガマとワフンプラを合わせて三〇〇万人、その他が六〇万人であると推定した。また彼女はマータレー県のカースト別人口を提示している。これは県の徴税局のリストをもとに行政官や村のヘッドマンの支援を受けつつ明らかにしたものである。これによるとマータレー県では、ゴイガマが四四パーセント、バトゥガマが二七パーセント、ワフンプラが一七パーセントであった。この県が中央高地にあるからであると思われるが、漁民の多いカーストであるカラーワは一パーセントほどと少なかった[6]。表1はシンハラ人人口に占める代表的カーストの大まかな割合を示したものである。公的な統計がないために非常に不正確であることはいうまでもないが、大まかな傾向は把握できると思われるのでここに記すことにした。

表1　シンハラ社会の主なカーストとおおよその割合

ゴイガマ	49.0%
カラーワ	5.0%
サラーガマ	3.0%
ドゥラーワ	2.0%
ヘナ（またはラダ）	3.0%
ワフンプラ（またはハクル）	12.5%
クンバル（またはバダハル）	2.5%
バトゥガマ（またはパドゥ）	18.0%
その他	5.0%
合計	100.0%

（出典）Kalinga Tudor Silva, P. P. Sivapragasam, Paramsothy Thanges (eds.), *Casteless or Caste-Blind?: Dynamics of Concealed Caste Discrimination, Social Exclusion, and Protest in Sri Lanka* (Colombo: Kumaran Book House, 2009), p. 32より川島が作成。

スリランカではカーストの人口別

割合のみでなく、カーストの存在そのものも非常にわかりにくくなっている。カーストに言及することがかなり強力なタブーとなっていることは明らかにその理由の一つである。すでに一九二七年にカーストを意識しないようなポーズをとることが慣習的になっていると報告されている。(7) 一九五〇年代にカーストについての調査を行ったライアンも、カーストは「無意味」であると特に都市部のゴイガマは主張する、政府もまたシンハラ人のカーストに関してはロディヤを除いてその存在を認めようとしないと記している。(8) カーストは教育を受けた者が扱うテーマではないとする反応があるし、社会学者や人類学者がカーストをテーマにすることへの批判が存在するという指摘もある。(9) カーストをタブーとするこうした根強い文化に加え、内戦にまで発展したシンハラ・タミル間のエスニックな分断がジェンダーや階級の問題とともにカーストの問題をも隠ぺいしてきたとも考えられる。(10)

さらにまた、低位カーストの人々自身によってもカーストは隠される傾向にある。人々は移住したり名前を変えたりすることでカーストを隠そうとしているといわれる。ジャーナリズムの分野でも、政治におけるカースト的要因を認識することを拒否する傾向がある。(11) また日常生活においても表だってカーストに言及することはほとんどない。ただ内輪の会話ではカーストが話題になることはあるし、口論になった場合の個人的な罵りなどでカーストが表現されることはある。また結婚に関してはかなりの程度重要であるようにみえる。ライアンは、都市においては異カースト婚がみられるとしながらも、これは家庭内におけるきわめて深刻な対立をもたらすとし、非常に多くの結婚は同カースト内で行われるとした。[12]

2 カラーワ・カーストとその起源

本書が特に焦点を当てるカラーワというカーストは比較的新しい時期に南インドからスリランカに渡来した集団であると考えられている。シンハラ語がインド・ヨーロッパ語族に属するため、シンハラ人の多くは自らを北インド起源であると認識している。しかし、非常に古い時期の移住者を除けば、シンハラ人のほとんどは南インドから来た人々であるといわれる。彼らはスリランカ到着後、急速にシンハラ化された。[13] 古代におけるスリランカへの渡来が数世紀早かったアーリヤ系の人々の文化は、その後の南インドのドラヴィダ系の文化の影響を受けながらも存続し続けた。少なくともスリランカは非常に古い時代からさまざまな文化が入り混じった社会であり、シンハラ人もタミル人も人種的に純粋ではなかった。[14] 王権においても南インドの影響は強く、コーッテ王国の王ももともとは現在のケーララ地域から渡来したマラヤーリ人商人の子孫であり、その王妃は南インドの王族から選ばれる傾向があった。インドから渡来し、家臣となり、高位の地位を獲得し、勃興しつつあるシンハラの一族と通婚する人々もあった。一九世紀初頭においてすら、ゴイガマの一族が南インドの一族と婚姻関係を結ぶことがあった。[15]

ＫＳＤカーストと略されることもあるカラーワ（Karava）、サラーガマ（Salagama）、ドゥラーワ（Durava）という三つのカーストがすでにみてきた他のシンハラ・カーストと異なるのは、彼らが比較的新しい時期にインドから渡来した人々であるという点である。彼らの移住は長期間にわたり継続的になされ、一八世紀においても行われていた。この三つのカーストはこうして渡来した南インドの人々をシンハラ社会に吸収する過程で生まれたものであると考えられている。主に沿岸部に居住した彼らは農業を中心とする旧来のカースト社会とは深いつながりをもたなかった。またシンハラ社会における儀礼的重要性をもたなかった。しかし逆に他の低位カーストのようにゴイガマなどからの差別を受けることは通常なかったし、ゴイガマ地主に隷属することもなかった。

彼らがシンハラ社会に統合されていくのは一六世紀ごろ、つまりコーッテ王国時代後期だと考えられている。ラージャカーリヤ（王役）と呼ばれる賦役労働のシステムのなかで、カラーワには漁業、ドゥラーワにはヤシの樹液採集やヤシ酒造りが主要な職業として割り当てられた。サラーガマはより古い時代には機織りとされていたが、その後シナモンの採取と流通を行う者とされた。しかし実際には各カーストとも多様な職業に従事していた。たとえば一九世紀にはドゥラーワやサラーガマの漁民も存在していた。カラーワは一八世紀においては、船大工、家具製造、その他の職人、漁業、トディ（ヤシの醸造酒）やアラック（ヤシの蒸留酒）の製造者、政府の徴税請負、ココナッツや水田の保有者、ココナッツ製品の製造者、女性のレース織り、教師、アーユルヴェーダ医、家内奉公人、労働者、商人などのさまざまな職に従事していた(16)。

カラーワは、サラーガマやドゥラーワとともに、ゴイガマよりも低い地位にあるとみられていた。しかし特に一九世紀後半ごろから彼らのなかから多数の富裕層が出現し始めた。そうしたなかで、カラーワはクシャトリヤのヴァルナに属するのであり、シュードラであると分類されるゴイガマよりも高位にあるのだと主張されるようになった[17]。自らをクシャトリヤであると主張するカーストは多いが、カラーワほどそれを積極的に主張したカーストはなかったといわれる[18]。彼らの主張によれば、カラーワという名称は、サンスクリットのカウラワ（Kaurava）という言葉から派生したものである。カウラワとは『マハーバーラタ』に登場するクル族を指すのであり、彼らはそのクル族の子孫であると主張した。クル族は戦士カーストであるからカラーワはクシャトリヤであるとされたのである。彼らは雑誌の発刊などを通じてこうした主張を行い、ゴイガマの優越性という幻想を打ち破ろうとした[19]。

カラーワはインドのカライヤール（Karayar）およびパラワ（Parava）とも一定のつながりがあると考えられている。これらのカーストはいずれも漁民カーストであるとされている点で類似しており、クル族の子孫であり、クシャトリヤであると主張している点でも一致する。パラワの場合は婚礼の際に飾る旗や紋章がカラーワと同一の神話に由来するものであるとされる。カラーワとタミル地域との関連については、一八世紀や一九世紀においてはいくつかの村においてはタミル語を話すシンハラ人カラーワが存在したことからもうかがえる。彼らのなかにはタミル文字を使う人もあったという[20]。今日においても「シンハラ人と称するがタミル語を話す漁民」が多く住んでいる。[21] こうした人々はシンハラ語による学校教育などのため家庭外ではシンハラ語を使用し始めている。しかし家庭内においては未だにタミル語を使用する人々もあるともいわれる。[22] また、非常にわずかではあるが、祖先のヒンドゥー教信仰を持ち続けるカラーワもニゴンボやチラウに存在するといわれる。[23]

ところでスリランカの北部を中心とするタミル地域にもカライヤールという漁民カーストが存在する。一八九〇年にカラーワによって書かれた小冊子には、マンナールやトリンコマリーやバッティカロアのタミル語を話す「兄弟」という記述もある。ただライアンは、カラーワとスリランカ北部のカライヤールは何も共通点をもたないとしている。[24] カライヤールは沿岸部に居住し、内陸部に経済的基盤をもつヴェッラーラとはほとんど競合しなかった。[25] また、よく知られているように、ＬＴＴＥ（タミル・イーラム解放のトラ）の中心的指導層のほとんどはカライヤールであった。ＬＴＴＥが登場するまではカライヤールがジャフナのタミル人社会に影響を与えることはほとんどなかった。行政職や専門職では有力なタミル・カーストであるヴェッラーラが支配的であったのである。[26]

仏教徒のカラーワのなかにも大富豪となった者も多数あったが、次節でみるように、キリスト教徒のカラーワのなかにも企業家として成功した人々は多い。キリスト教徒のカラーワはコロンボをはさんでチラウとモラトゥワの間に多い。ニゴンボ付近では漁民たちはほぼすべてローマ・カトリック教徒である。他方、仏教徒のカラーワはモラトゥワの南に多い。仏教復興運動などにおける在家の仏教徒指導者には多くのカラーワがいた。その出身地はパーナドゥラ周辺であり、彼らの影響力はゴールやマータラにまでおよんだといわれる。キリスト教徒のブロックは一般的により富裕で、より教育を受けており、より西洋化していた。それに対して仏教徒のカラーワは大学、専門職、行政などにおいて大きな影響力をもっていたといわれる(27)。

3　カラーワの経済的上昇

カラーワ・エリートたちの多くはサラーガマやドゥラーワとともに植民地下のプランテーション経済のなかで富を蓄積した。一九世紀前半にイギリス支配下でスリランカの中央高地に切り開かれたコーヒー・プランテーションは市場経済の急速な発展をもたらした。カラーワがその新しい経済的変化に適切に対応できた理由はいくつかあった。一つは、彼らがスリランカ沿岸地方に住んでいたことである。この地域はアジア内交易の中継点でもあり、対インド交易の重要拠点でもあった。交易に関わるなかでいくつかの同族集団はすでにかなりの富を蓄積していたし、市場経済に対応するためのスキルを身につけていた。また、カラーワたちは干し魚の交易などによってスリランカ内陸部との通商関係を築いていた。そのため商業的ネットワークの形成が容易であった。彼らの多くが居住していたモラトゥワ地域がコロンボに近く、急速に発展したこの都市が提供する多くの経済的機会を手にすることができたことも有利な条件だった。

さらにモラトゥワのカラーワの職人階層はかなり大きく、市場経済への対応がより容易であった。彼らが比較的新しくスリランカに移住した人々であり、内陸部において形成されていたゴイガマを中心とする社会に十分に組み込まれていなかったことも、新しい経済状況に柔軟に対応することができた原因であった(28)。

ところで、彼らにもっとも利益をもたらしたのはアラック・レンティング（arrack-renting）という酒類流通の仕組みであった。プランテーションが急速に発展させた市場経済は多くの物品を流通させたが、そのなかでもきわめて需要が大きかったのはアラック（ヤシの蒸留酒）であった。カラーワを中心とする新興の起業家たちはこの酒の販売の仕組みによって巨大な利益を得た。伝統的なエリート層を構成していたゴイガマのムダリヤールたちは酒を扱うことによる悪評を嫌った(29)。

オランダ人、そしてその後のイギリス人支配者たちは、租税の徴収権や特定の経済活動を行う権利を競売にかけるという形で国庫の収入を確保しようとした。植民地の支配者たちはこうして、生産者から魚税（fish-tax）や米税（paddy-tax）を徴収する権利、道路、橋、渡し船から利用料をとる権利、ギャンブル場や闘鶏場を運営する権利を競売にかけた。これらの経済活動のうち一九世紀前半においてもっとも利益を上げたのがアラックに関わる事業であった。アラックを売る店は西海岸の町々につくられたが、その後中央高地にも広がっていった。きわめて大きな収益を上げたのはコロンボの酒場であった。アラックは港湾や労働者階級の地区で大量に売られただけでなく、軍隊の娯楽所でもかなりの量が消費された。こうしてアラックの製造、流通、販売はきわめて重要な産業となった[30]。

アラックを小売りする権利は毎年競売によって植民地政府から地元の人々に貸与された。この販売権は最初は酒場単位で、その後地域単位で与えられることになった。販売権を買い取ったのは、沿岸地域ではその地の有力者であった。高地シンハラ人の多くは酒を取り扱うことを嫌ったため、中央高地では低地から移住したシンハラ人たちが酒の流通に携わった。カーストでいえば、主にゴイガマかカラーワであった。ただ、その後カラーワ以外のカーストはアラック・レンティングから撤退していった[31]。

一九世紀半ばにおいて大きな成功を収めたカラーワの企業家の多くはスリランカ南西の沿岸地域、特にモラトゥワとパーナドゥラに多かった。その代表がモラトゥワのリンダームーラゲー・ダ・シルワ（Lindamullage de Silva）一族であった。彼らは一三世紀にインドから来たと自ら主張した。さまざまな分野で起業したが、アラックの販売もその一つであった。また、モラトゥワのバッラップワドゥゲー・マナクラスーリヤ・メンディス（Balappuwaduge Manakulasuriya Mendis）一族や、パーナドゥラのテルゲー・ピーリス（Telge Peiris）一族も大きな経済的成功を収めた[32]。

しかし一九世紀においておそらく最大の富豪となったのはウォルサーヘナディゲー・ソイサー（Warusahennedige Soysa）というカラーワの一族であった。彼らはモラトゥワの仏教徒で、オランダ時代から商業に従事していた。中央高地との交易が活発になると、彼らも塩、スパイス、タバコ、食料をキャンディに運んだ。彼らはその他さまざまな事業に関わったが、彼らに巨大な富をもたらしたのはキャンディ地域におけるアラック販売であった。彼らは一八三二年にはこの地域のアラック販売を一手に担うようになっていた[33]。この一族のなかでおそらくもっともよく知られているのはジェロニス・ソイサー（Jeronis Soysa, 後にJeronis de Soysa）である。彼にはゲート・ムダリヤール（Gate Mudaliyar）という名誉称号が一八五三年に与えられた。彼の富が他のムダリヤールたちをしのいでいたことや、彼がカラーワであり、しかも伝統的なカラーワ・エリートの家系に属していなかったことが、ゴイガマのエリートたちに大きな衝撃を与えた[34]。

このように一九世紀においてかなりの経済的成功を収めたため、カラーワたちは二〇世紀初頭には富裕層のかなりの部分を占めることになった。ロバーツの分析によると、一九〇七年に出版された『セイロンの二〇世紀的印象（*Twentieth Century Impressions of Ceylon*）』内に登場する二七二人のエリートのうち、カーストが確認できた者は二四八人であった。そのうち一二七人、五一・二パーセントはゴイガマであったが、八九人、つまり三五・八パーセントはカラーワであった。人口比を考えれば、カラーワの成功が非常に大きかったことは間違いない。さらに、この二〇世紀初頭の書籍に登場するゴイガマには伝統的な地位をもつ者や地方の有力者が含まれている。そのことを考慮し、純粋に経済的成功を収めた者という観点からみればカラーワの割合はさらに高まるかもしれない。カラーワの経済的成功は、一九一五年ごろの植民地政府による調査からもうかがい知ることができる。この調査は、コロンボ市内の五つの地区におけるカースト人が確認できた資産家九〇人のうち、四四・八パーセントはカラーワ、二五・七パーセントはゴイガマのものであったことを明らかにしている(35)。一九五〇年代にカーストについて調査したライアンは、コロンボ市内の一〇のもっとも富裕な一族をあげれば、そのうち八か九はカラーワであろうと記している(36)。

ところで、商業やアラック産業で富をなしたカラーワたちの多くは、プランテーションを取得したり、より威信のある専門職に向かったりした。アラック産業から完全に撤退した人々もあった。彼らの多くは土地や教育に投資した。一九世紀半ばごろから能力のある子どもたちをインドやイギリスに留学させた。なかには中等教育をもイギリスで受けさせる人々もあった。莫大な富を得たカラーワたちは西洋式の高等教育という新しい機会を効果的に利用することで、多くの威信ある職業に進出したのである。当然の結果として、インテリ層のかなりの部分を占めるようになった。企業の上層部の多くもカラーワになった。そうした傾向は独立後も大きくは変わらなかった。一九六一年の調査によれば、主要な私営、および公営企業のシンハラ人役員および管理職一三〇人のうち六一人がカラーワであった(37)。

経済的に圧倒的な成功を収めたカラーワのエリートたちは、社会的地位の上昇と政治的影響力の拡大を求め始めた。仏教復興運動への支援はその一環であった。この運動はもともと植民地下でのキリスト教宣教師の活動への反発から生まれたものである。スティラットがいうように、宣教師たちの活動の中心となる改宗活動は基本的に「人々が世界を理解するあり方を変えさせ、人々の過去の信念や行動の間違いに気づかせる」というものであった[38]。仏教復興運動は明らかにこうした世界観をもつ宣教師の活動への仏教僧および在家信者による異議申し立てであった。この活動は一八四〇年代後半から始まったが、一八六〇年代ごろからはかなり組織化されたものとなり、キリスト教徒と仏教徒との間で五回の論争の機会がもたれた（そのうち二回は文書の交換、三回は公開の討論という形でなされた）[39]。この運動はその後仏教徒による出版活動、学校設立、禁酒運動へと本格的に展開していった[40]。

4 仏教復興運動とカラーワ

仏教復興運動の中心的な財政的支援者は、商人、プランテーションのオーナー、アラックなどのレンター、専門職をもつ人々であったといわれる。もちろん彼らはシンハラ人で仏教徒であったのであるが、そのなかにかなりの数のゴイガマがいたことは事実である。ゴイガマのエリートのなかにはグラファイト鉱山の経営でまず財をなし、それをプランテーションなどに投資する者たちもあった。巨額の富を得た彼らのなかには仏教復興運動を支援する人々もあった。たとえば、D・C・G・アットゥガーリ（Attigalle）は寺院へのかなりの規模の援助を行ったが、彼の娘婿二人は一九〇四年と一九一二年の禁酒運動に積極的に関わった人物であった。一人は初代首相D・S・セーナーナーヤカの兄F・R・セーナーナーヤカであり、もう一人は三代目首相コタラーワラ（Sir John Lionel Kotelawala）の父（John Kotelawala Senior）である。また新聞社を設立したことでよく知られているD・R・ウィジャヤワルダナ（D. R. Wijewardena）の一族は木材ビジネスで財をなし、ケラニヤ寺院の修復を財政的に支援した[41]。仏教復興運動を精力的に進めたことでよく知られるアナガーリカ・ダルマパーラの一族もまたゴイガマの新興エリートであった（ただ彼らに対立する人々は、ダルマパーラの一族はワフンプラ・カースト出身であると主張していた[42]）。

もちろん仏教復興運動の支援者はゴイガマのみではなかった。ワフンプラの商人であるN・S・フェルナンド（Fernando）の一族はその一つである。彼らは仏教徒神智協会を支援したが、インドのサリー輸入業者でもあった彼らはサリーを民族服として推奨した。サラーガマの商人R・A・ミランドー（Mirando）はプランテーションの経営者であり、シナモンやグラファイトの輸出にも関わっていたが、一八九一年から一九一四年まで仏教徒神智協会の会長を務めていた[43]。

しかし、仏教復興運動を財政的にきわめて積極的に支援したのはカラーワのエリートたち、特にパーナドゥラのプランター、あるいはアラック製造業者や販売者たちであったといわれる[44]。

パーナドゥラのカラーワたちはモラトゥワのカラーワたちよりも後発であり、アラック・レンティングへの参加も遅かった[45]。ただ、アラックに関わるビジネスは彼らに莫大な富をもたらした。ダヤス家もそうした実業家一族の一つであった[46]。

パーナドゥラのカラーワたちは、一八七三年にこの地で仏教徒とキリスト教徒の間で行われた前述の宗教論争の場を組織したことでもよく知られている。このイベントに大きく関わったのは、パーナドゥラの実業家であるムダリヤール・アンディリス・ペレーラー（Mudaliyar Andiris Perera）とジェレミアス・ダヤス（Jeremias Dias）であった。ジェレミアス・ダヤスの父はインドとの交易を行ったカラーワたちの一人であったが、パーナドゥラ中心部にあるランコット寺院の建立を支援したことで、また彼の妻セレスティナー・ダヤス（Selestina Dias）は仏教徒の女子教育の発展に貢献したことでよく知られている。コロンボにある有名な女子校ウィサーカー・ウィディヤーラヤー（Visakha Vidyalaya）は彼女からの土地と資金援助によって設立された[47]。こうしてパーナドゥラは、キリスト教宣教師たちによれば、「著しく仏教徒的」な都市となり、この地におけるキリスト教への反対運動は「しばしば迫害となった[48]」。

セレスティナーの息子であるハリー・ダヤス（Harry Dias）とアーサー・ダヤス（Arthur Dias）もまた仏教復興運動への貢献でよく知られている。ハリー・ダヤスはパーナドゥラの仏教徒学校の経営者であった。アーサー・ダヤスは仏教徒による禁酒運動を推進した主要人物であり、社会奉仕活動を活発に行ったことでも知られている。両者とも一九一五年の反ムーア人暴動において有罪となったが、五〇〇〇イギリス・ポンドの罰金を払い、釈放された[49]。彼らを含むパーナドゥラのカラーワ・エリートたちは婚姻などによって緊密な同族関係を築いていたといわれる[50]。後述するように、本書が取り上げる中心的な人物であるN・Q・ダヤスは一九五〇年代から六〇年代にかけてスリランカ政治に大きな影響力をもった人物であるが、アーサー・ダヤスの血縁であると言われる。

5　植民地期の政治改革とカースト

イギリス植民地政府は公的にはカーストを認めなかった。しかし現実的施策においてはカーストに配慮しつつ地方行政や徴税などを担当する行政官の配置を行った。そしてその際、明らかにゴイガマが優遇された。イギリス人の前にこの島を支配したオランダ人たちは多くのカラーワやサラーガマを高位のヘッドマンなどとして採用していた。そのためゴイガマの影響力はかなりの程度制限された。しかしイギリス人たちはそれを廃し、ゴイガマを中心とする行政組織をつくり上げた[51]。また一八三三年のコールブルック・キャメロン改革によって導入された立法評議会のシンハラ人議席に任命されたのはゴイガマの特権的階層のみであった[52]。

政治改革を求める動きは二〇世紀初頭に高まったが、その背景にはこうした一部の特権的ゴイガマのみが政治的影響力をもつことへの反発があった。そしてその動きの原動力になったのはカラーワであった。すでにみたように、多くのカラーワたちが一九世紀後半に急速に経済力をつけた。いくらかの人々が「格段に富裕なシンハラ人」となるなかで、カラーワたちは自らの政治的代表権を求めるようになった。実際、この動きの主唱者のほとんどはカラーワであり、ゴイガマ・エリートは一定の距離をおいていたともみられていた。[53] こうしてかなりの数のカラーワたちが、セイロン改革連盟（Ceylon Reform League, 1917–1920）やセイロン国民会議（Ceylon National Congress, 1919–1950）に参加した。また一八九〇年代からは幾人かのカラーワがキャンディ、コロンボ、ゴールの市評議会の議員となった。[54]

政治改革を求める動きに応えて、植民地政府は一九一〇年に立法評議会の改革を行い、政府任命の六議席の他に、初めて選挙による四議席を設定した。この四議席の内訳は、二議席が「ヨーロッパ人」、一議席がバーガー（「ヨーロッパ人」との混血により形成されたコミュニティ）、残りの一議席が「教育を受けたセイロン人」ということになった。この議席の有権者は英語教育を受けた者だけに限定され、その数はわずか二九五七人であった。このとき立候補したマーカス・フェルナンドはさほど富裕でないカラーワの家庭に生まれた人物である。きわめて学業が優秀だったため、奨学金を得てイギリスに留学し、医学士と医学博士の学位を取得した。彼は帰国後、病院勤務などを経て細菌学研究所の所長となった。このフェルナンドと選挙を争ったのはセイロン・タミル人のポンナンバラム・ラーマナータンであった。よく知られているように、このとき多くのゴイガマたちは、同じシンハラ人であるフェルナンドではなくラーマナータンに投票し、その結果、タミルの高位カースト・ヴェッラーラに属するラーマナータンが当選した。この選挙結果の解釈はさまざまである。フェルナンドは改革派、ラーマナータンは保守派であったため、ゴイガマの保守派がラーマナータンを選んだとする見方もある。エスニックな属性には配慮しないとするエリートたちの決意の表明であったともされる。しかし、「漁民カーストよりも高位カースト・タミルの方が好ましい」と考えたゴイガマもかなりあったという見方も根強い(55)。

いずれにせよ、その後の政治改革は必ずしもカラーワたちが望む結果を生まなかった。一九三一年にドノモア憲法によって男女の普通選挙が導入されると、カラーワたちの政治的影響力の欠如はますます明確になった。普通選挙は数的に圧倒するゴイガマをきわめて有利な状況に置いたのである。そしていくつかの選挙区ではカーストが決定的に重要となった。実際、選挙戦においてカーストのみが訴えられるという選挙区も現れた(56)。しかもたとえ当選したとしても、カラーワの議員が影響力ある地位に就くことは難しかった。一九三六年の総選挙後の組閣においては、全閣僚がシンハラ人となった。そのためシンハラ人による政治的支配が明確になった歴史的出来事として知られている。しかしこの組閣はゴイガマが政治的に圧倒的に優勢であることを示した出来事でもあった。このとき閣僚となったカラーワはわずか一人であった。一九四七年の組閣においては、一四人の閣僚のうち一一人がシンハラ人であったが、そのうち九人がゴイガマで、カラーワは一人もいなかった。一九二〇年代において非ゴイガマ・カーストか

ら表明されていたゴイガマによる多数派支配への不安は、一九三〇年代以降明確な現実となっていったのである。(57)

6　独立後の政治とカースト

独立後もゴイガマの優位は変わらなかった。ゴイガマからはその人口比以上の議員が選出された。閣僚の圧倒的多数もゴイガマであった。こうした状況は政権交代があってもほとんど変わらなかった。(58)政治におけるゴイガマの優位が確定し、それがかなりの程度継続していくなかで、政治的野心をもつ非ゴイガマ・カーストの人々はどのような戦略をとっていったのであろうか。一つはもちろん政治家としてのもっとも通常のルート、つまり議員となり、議会のなかでの影響力拡大を求めるというものである。おそらくその戦略においてもっとも成功したのは先に触れたプレマダーサ元大統領であった。次章で詳述するように、カラーワのP・ダ・S・クラトネやサラーガマのC・P・ダ・シルワもまたその方向を目指した人々であった。また、カラーワたちはロビー活動によっても政治的影響力を確保しようとした。サラーガマとドゥラーワも同様の活動を行っていたが、カラーワのロビー活動はより広範囲にわたるものだった。(59)

さらに、JVP（人民解放戦線）のような過激な政治団体を通して影響力を高めようとする低位カーストの人々もあった。JVPの活動の重要な背景に階級の問題があったことは確かであろう。その支持者の多くは仏教僧養成学校の出身であり、英語が不完全な形で第二言語として教えられる地方の高校を出たものたちであった。荒井が指摘しているように、彼らは英語教育を受けたエリート層が支配するシステムの破壊をJVPに期待したのである。[60] さらに、「インド拡張主義」への批判に表れているようにシンハラ・ナショナリズムもまた唱導された。しかし彼らの運動の背景にカーストの問題があったことも指摘されている。この運動のリーダーであったローハナ・ウィジェーウィーラ（Rohana Wijeweera）とその他の中核的リーダーたちの多くはカラーワであった。これは従来型の左翼政党である共産党やLSSP（ランカ平等社会党）がゴイガマやキリスト教徒カラーワに指導されていた状況とはかなり異なっているとされる。JVPの指導者たちは、仏教徒のカラーワ、ドゥラーワ、バトゥガマ、ワフンプラやその他の低位カーストに呼びかけたのであるが、場所によっては動員に際して反ゴイガマ感情を利用することもあった。実際JVPの支持者たちは、中間カーストや低位カーストに多かった。JVPの活動は、政治的野心をもつ非ゴイガマの指導者たちが、低位カーストのカースト意識や階級意識、そしてナショナリズムに訴えて政治的影響力の拡大を企図したものであったといえるかもしれない。

7　おわりに

シンハラ人はスリランカの圧倒的多数派であるが、そのなかでもきわめて大きな政治的影響力をもっていたのがゴイガマ・カーストであった。彼らはシンハラ人人口の半数ほどを占める大カーストであり、カースト・ヒエラルキーにおいても最上位であるとされた。このゴイガマの支配にもっとも強力に対抗しようとしたのはカラーワのエリートたちであった。実際、カラーワたちのカースト・アイデンティティや政治意識は相当に強かった(61)。このカーストのエリートたちは一九世紀に急速に展開した市場経済をきわめて有効に活用し、アラック販売やプランテーション経営で莫大な富を築いた。彼らはその経済力を背景に社会的威信や政治的影響力を求めた。彼らは自らのクシャトリヤ起源を主張し、仏教復興運動を支援した。

カラーワ・エリートたちはイギリス植民地下において政治改革をも積極的に求めた。一部のゴイガマのみが立法評議会への代表権を独占している状況を彼らは変えようとしたのである。実際、初期の政治運動の多くはカラーワたちが主導したものであった。しかし政治権力の「セイロン人」への漸次的な移譲はカラーワたちが企図したような状況をもたらさなかった。特にドノモア憲法による男女普通選挙の導入はゴイガマによる政治的支配をさらに強化するものとなった。そしてその状況は基本的に独立後も続くことになった。

スリランカの民族間の関係を大きく悪化させることになった一九五六年の政治変革にもカーストの問題は関わっていた。この変革はゴイガマの新興エリート集団を中核とするＵＮＰに対してさまざまな集団が意義を申し立てたことによって起きたという性格をもっていた。そしてこのときのＳ・Ｗ・Ｒ・Ｄ・バンダーラナーヤカの勝利にきわめて重要な貢献をしたのが、本書が焦点を当てるＮ・Ｑ・ダヤスやＬ・Ｈ・メッターナンダといったカラーワのエリートたちであった。次章以降では、一九五〇年代におけるカーストと政治との関係を検討していきたい。

【注】

（1） Political Parties, 24 March 1970, FCO 51/156, National Archives, London.

（2） Kalinga Tudor Silva, P. P. Sivapragasam, Paramsothy Thanges (eds.), *Casteless or Caste-Blind?: Dynamics of Concealed Caste Discrimination, Social Exclusion, and Protest in Sri Lanka* (Colombo: Kumaran Book House, 2009), pp. 21, 22, 31, 34.

（3） Bryce Ryan, *Caste in Modern Ceylon: The Sinhalese System in Transition* (New Delhi: Navrang, 1993; first published Chapel Hill, NC: Rutgers University Press, 1953), pp. 117, 127.

（4） Silva, Sivapragasam, Thanges (eds.), *Casteless or Caste-Blind?*, pp.13, 23, 24, 34, 46, 47; Ryan, *Caste in Modern Ceylon*, pp. 130, 131.

（5） Silva, Sivapragasam, Thanges (eds.), *Casteless or Caste-Blind?*, pp.1, 31; Ryan, *Caste in Modern Ceylon*, p. 95.

（6） Janice Jiggins, *Caste and Family Politics of the Sinhalese, 1947–1976* (Cambridge: Cambridge University Press, 2010, first published 1979), pp. 24–36.

(7) Constitution of Ceylon, 29 Nov. 1926, p. 27, CO 882/11/3, National Archives, London.

(8) Ryan, *Caste in Modern Ceylon,* pp. 308, 310, 322.

(9) P. D. Kannangara, 'The Caste Problem and the Study of the Modern Period of Sri Lankan History', in A. Liyanagamage (ed.), *Studies in the Social History of Sri Lanka* (Colombo: Social Scientists' Association, 1988), p. 143; Jiggins, *Caste and Family Politics,* pp. 7–8.

(10) Silva, Sivapragasam, Thanges (eds.), *Casteless or Caste-Blind?,* p. xiv.

(11) *The Sunday Leader*, online, 23 Feb. 2010. http://www.thesundayleader.lk/2010/02/21/caste-in-sl-politics/ (二〇一三年一月一〇日にアクセス)。

(12) Ryan, *Caste in Modern Ceylon,* p. 311.

(13) Gananath Obeyesekere, 'The Origins and Institutionalization of Political Violence in Sri Lanka', in James Manor (ed.), *Sri Lanka in Change and Crisis* (London: Croom Helm, 1984), p. 162.

(14) K. M. de Silva, *A History of Sri Lanka* (New Delhi: Oxford University Press, 1999, 1st Published 1981), p. 13.

(15) Michael Roberts, *Caste Conflict and Elite Formation, The Rise of the Karava Elite in Sri Lanka 1500–1931* (New Delhi: Navrang, 1995; first published, Cambridge: Cambridge University Press, 1982), pp. 24–25.

(16) K. M. de Silva, *A History of Sri Lanka* (New Delhi: Oxford University Press, 1999, 1st Published 1981), p. 91; Michael Roberts, *Caste Conflict and Elite Formation, The Rise of the Karava Elite in Sri Lanka 1500–1931* (New Delhi: Navrang, 1995; first published, Cambridge:

Cambridge University Press, 1982), pp. 30, 49, 58, 128; Ryan, *Caste in Modern Ceylon*, pp. 110, 111.

(17) Kumari Jayawardena, *Nobodies to Somebodies: The Rise of the Colonial Bourgeoisie in Sri Lanka* (Colombo: Social Scientists' Association and Sanjiva Books, 2000), p. 323.

(18) W. H. Wriggins, *Ceylon: Dilemmas of a New Nation* (Princeton: Princeton University Press, 1960), p. 25; Ryan, *Caste in Modern Ceylon*, p. 107.

(19) Roberts, *Caste Conflict*, p. 18; Ryan, *Caste in Modern Ceylon*, pp. 332–33; M. D. Raghavan, The Karava of Ceylon: Society and culture (Colombo: K. V. G. De Silva, 1961), pp. 5, 6.

(20) Roberts, *Caste Conflict*, p. 26; Ryan, *Caste in Modern Ceylon*, p. 104.

(21) 高桑史子『スリランカ海村の民族誌―開発・内戦・津波と人々の生活―』明石書店、二〇〇八年、二六～二七、六二頁。

(22) ニゴンボ地域出身A氏へのインタヴューから、二〇一二年一〇月一七日。

(23) Asiff Hussein, *Caste in Sri Lanka: From Ancient Times to the Present Day* (Battaramulla: Neptune Publication, 2013), p. 88.

(24) Roberts, *Caste Conflict*, p. 26; Ryan, *Caste in Modern Ceylon*, p. 105.

(25) 川島耕司「スリランカ・タミル人社会におけるカーストと民族」『国士舘大学政経論叢』一四六号、二〇〇八年一二月、三七、四八頁。

(26) A. Jeyaratnam Wilson, S. J. V. Chelvanayakam and the Crisis of Sri Lankan Tamil Nationalism 1947–1977: A Political Biography (London: C. Hurst, 1994), p. 140. LTTEの指導層はおおむねカライヤールであったが、この運動への参加者の多くはさらに低位であるとされる被抑圧カーストや女性たちといった不利な立場にある人々であった。Kalinga Tudor Silva, 'Caste, Ethnicity

and Problems of National Identity in Sri Lanka', in S. L. Sharma, T. K. Oommen, *Nation and National Identity in South Asia* (Hyderabad: Orient Longman, 2000), p. 203.

(27) Jiggins, *Caste and Family Politics*, pp. 27, 93–94; Ryan, *Caste in Modern Ceylon*, p. 105.

(28) Michael Roberts, 'Elite Formation and Elites, 1832–1931', in Michael Roberts (ed.) *Collective Identities Revisited* (Colombo: Marga, 1997), Vol. 1, pp. 232, 233.

(29) Patrick Peebles, *Social Change in Nineteenth Century Ceylon* (New Delhi: Navrang, 1995), pp. 145–47. ムダリヤールとは、政府への賦役労働の調達、徴税、法と秩序の維持などを行った人々である。彼らはラージャカーリヤが廃止された後も、通訳、翻訳、書記、徴税官、地方行政へのアドヴァイザーとして植民地政府のもとで働いていた。Jayawardena, *Nobodies to Somebodies*, p. 23.

(30) Jayawardena, *Nobodies to Somebodies*, pp. 25, 36, 40, 41; Peebles, *Social Change*, p. 145.

(31) Jayawardena, *Nobodies to Somebodies*, pp. 47, 49, 53, 62, 63.

(32) Jayawardena, *Nobodies to Somebodies*, pp. 54–56.

(33) Jayawardena, *Nobodies to Somebodies*, pp. 57–59.

(34) Peebles, *Social Change*, p. 162.

(35) Roberts, *Caste Conflict*, p. 319.

(36) Ryan, *Caste in Modern Ceylon*, p. 331.

(37) Roberts, *Caste Conflict*, pp. 115–17, 279, 320; Peebles, *Social Change*, p. 152.

(38) R. L. Stirrat, 'Mercenaries, Missionaries and Misfits: Representations of Development Personnel', *Critique of Anthropology*, Vol. 28 (4), 2008, p. 416.

(39) K. M. de Silva, ‘Religion and Nationalism in Nineteenth Century Sri Lanka: Christian Missionaries and their Critics’, *Ethnic Studies Report*, 16, 1, 1998, p. 121.

(40) 川島耕司『スリランカと民族―シンハラ・ナショナリズムの形成とマイノリティ集団―』明石書店、二〇〇六年、二六～二八、七二～七八頁。

(41) Jayawardena, *Nobodies to Somebodies,* pp. 262, 263, 265.

(42) Stubbs to the Anthenaeum, 26 Oct. 1937, CO54/940/10, National Archives, London. 本書においてすでに触れたように、ダルマパーラの母はドゥラーワであるとされている。Steven Kemper, *Rescued from the Nation: Anagarika Dharmapala and the Buddhist World* (Chicago: University of Chicago Press, 2015), p. 98; Michael Roberts, ‘Himself and Project. A Serial Autobiography. Our Journey with a Zealot, Anagarika Dharmapala’, *Social Analysis*, Vol. 44 (1), 2000, p. 116; Kannangara, *A Survey of Social Change*, p. 116.

(43) Jayawardena, *Nobodies to Somebodies,* p. 266.

(44) Jayawardena, *Nobodies to Somebodies,* p. 264.

(45) Manel Tampoe, *The Story of Selestina Dias: Buddhist Female Philanthropy and Education* (Colombo: Social Scientists’ Association, 1997), pp. 29–30.

(46) A. P. Kannangara, *A Survey of Social Change in an Imperial Regime* (Colombo: Vijitha Yapa Publications, 2011), p. 74.

(47) Tampoe, *The Story of Selestina Dias*, p. 15; Jayawardena, *Nobodies to Somebodies,* p. 264.

(48) Thomas Moscrop and Arthur E. Restarick, *Ceylon and Its Methodism* (London: Robert Culley. c. 1907), p. 62.

(49) P. Ramanathan, *Riots And Martial Law in Ceylon, 1915* (New Delhi: Asian Educational Service, 2003, 1st published London, 1916), p. 104.

(50) Tampoe, *The Story of Selestina Dias*, pp. 29–30. この暴動は、宗教的、経済的対立が高まるなかで、シンハラ人暴徒集団がスリランカ南西部各地でムーア人と呼ばれるムスリムを襲撃した事件である。多数のムーア人の住居、店舗、モスクが略奪、放火された。また政府の推計によれば、二五人のムーア人が殺され、一八九人が負傷し、四人がレイプされた。

Michael Roberts, *Exploring Confrontation: Sri Lanka: Politics, Culture and History* (Chur, Switzerland: Harwood Academic Publishers, 1994), p. 187. 川島耕司『スリランカと民族』七九～八八頁。

(51) Silva, Sivapragasam, Thanges (eds.), *Casteless or Caste-Blind?*, pp. 1, 2; Kannangara, 'The Caste Problem', p. 148; Jayawardena, *Nobodies to Somebodies*, pp. 319–20, 326.

(52) Jayawardena, *Nobodies to Somebodies*, pp. 319, 320, 326. この改革は、W・M・G・コールブルックとC・H・キャメロンを中心とする委員会の提言に基づいて実施されたものである。改革によってつくられた組織の一つが立法評議会で、その主要な目的は現地の情報収集であった。一六人の評議員のうち一〇人は官職にある者から、三人は民間の「ヨーロッパ人」、残りの三人がシンハラ人、タミル人、バーガー（ヨーロッパ人と地元民との混血）から一人ずつ指名された。経済における改革も進められ、ラージャカーリヤと呼ばれた賦役制度の廃止はその一つであった。K. M. de Silva, *A History of Sri Lanka* (New Delhi: Oxford University Press, 1999, 1st Published 1981), pp. 247–48, 262, 356–57; C.A. Gunawardena, *Encyclopedia of Sri Lanka* (New Delhi: Sterling Publishers Private Limited, 2003), p. 64.

（53） Constitution of Ceylon, 29 Nov. 1926, p. 27, CO 882/11/3, National Archives, London.

（54） Roberts, *Caste Conflict,* pp. 173–74.

（55） Jayawardena, *Nobodies to Somebodies,* pp. 331–32; Constitution of Ceylon, 1926–27, CO 882/11/3, National Archives, London.

（56） Constitution of Ceylon, 1934–1937, p. 199, CO 882/15, National Archives, London.

（57） Jayawardena, *Nobodies to Somebodies,* p. xvi; Roberts, *Caste Conflict,* p. 174.

（58） Jiggins, *Caste and Family Politics,* pp. 86–89.

（59） Jiggins, *Caste and Family Politics,* p. 93.

（60） James Jupp, *Sri Lanka: Third World Democracy* (London: Frank Cass, 1978), p. 298; Silva, Sivapragasam, Thanges (eds.), *Casteless or Caste-Blind?,* pp. 16, 22, 49; Swaroop Rani Dubey, *One-day Revolution in Sri Lanka: Anatomy of 1971 Insurrection* (Jaipur: Aalekh Publishers, 1988), pp. 149–50; Ceylon Security Situation, July–August 1971, p. 10, FCO 37/790, National Archives, London; 荒井悦代「スリランカにおける二大政党制と暴力―一九八七～八九年人民解放戦線（ＪＶＰ）反乱深刻化の背景―」武内進一編『国家・暴力・政治―アジア・アフリカの紛争をめぐって―』アジア経済研究所、二〇〇三年、三八七頁。

（61） William H. Gilbert, ‘The Sinhalese Caste System of Central and Southern Ceylon’, *Ceylon Historical Journal*, 2, 3 and 4, 1952, p. 321; Ryan, *Caste in Modern Ceylon*, p. 331.

第2章　一九五〇年代スリランカにおける政治とカースト

前章においては主に植民地期におけるカーストの問題、特にカラーワと政治との関係をみてきた。植民地時代に莫大な富を手にしたカラーワのエリートたちが仏教復興運動や政治的代表権を求める運動を強力に支えたこと、しかしその後の運動の展開は必ずしも彼らの意図に沿うようなものではなかったことが明らかになった。イギリスからの権限委譲が進むなかで、とりわけ一九三一年のドノモア憲法によって普通選挙が導入されたことにより、数的に圧倒するゴイガマの優位性がますます明確になっていったのである。その後の状況、特に一九五〇年代におけるカーストと政治に関わる問題を検討するのが本章の目的である。

本章で扱うテーマは大きく二つに分かれる。一つは、シンハラ社会におけるカースト状況について、当時の新聞、イギリスの外交官による報告書、学術研究等をもとに明らかにすることである。もう一つは、そうした状況下における非ゴイガマの政治エリートたちの活動とその政治的、社会的背景、カーストとの関連を検討することである。具体的には、非ゴイガマの代表的政治家であったカラーワのP・ダ・S・クララトネとサラーガマのC・P・ダ・シルワの政治的活動とその特徴を明らかにする。この二人は独立後のスリランカにおいてかなりよく知られた政治家ではあるが、今まで十分には注目されてこなかった。この二人の政治活動を検討するなかで、この時代における政治とカーストの問題を考えたい。

1 「変遷しつつあるカースト」

一九五〇年代のカーストに関わる状況に関して、まずはスリランカの代表的英字紙である『セイロン・デイリー・ニューズ』に一九五九年九月に掲載された「変遷しつつあるカースト」という投稿記事を取り上げたい。この記事の著者はディンギ・カルナーティラケ（Dingi Karunatillake）という人物である。彼は、セイロン大学コロンボ校（現在のコロンボ大学）において社会学の上級講師（senior lecturer）を務め、銀行の調査部門が出版したマハウェリ川流域開発に関する報告書を執筆した人物でもあった(1)。このカルナーティラケによる新聞記事は当時のカーストに対する認識の一端を表していると思われるので、その一部をここに訳出したい。記事には次のように記されている。

村落レベルではカーストは急速にその地歩を失っている。今日村々では排他的なカースト的伝統、習慣、あるいは会話は全くない。ほとんどの人々はカーストに基づく社会的距離を主張しないし、容認しない。

若い世代は誰がどのカーストに属しているのかをほとんど知らない。このカーストの緩慢な死の例外は、「ロディヤ」コミュニティと、自らの伝統的技能に固執する「キンナラ」のような二、三のコミュニティである。

貨幣経済は古い封建的秩序のみでなく、カーストに基づく古い社会的階層をも打ち壊してきた。ほとんどすべての村でカーストの様相は根本的に変化してきた。宗教施設に関連するものを除き、もはや所定のカーストに割り当てられた特別な習慣、仕事、義務はない。寺院に捧げる儀礼的義務でさえ、ますます代わりに金銭を支払って行われるようになりつつある。

今日の村々にあるカースト意識は内集団的感情のみである。いかなるカーストも生まれつきの優劣を主張しない。

……「ゴイガマ」カーストに属する村人たちはカーストに関する話をすることはめったにない。これは非常に驚くべきことだが、それはこのカーストはカースト・ヒエラルキーにおいて最高のものと考えられており、かつ数的にこの国で最大のものであるからだ。

他のカーストはカースト感情に関してわずかにより中立的ではない。彼らは結婚のみでなく、自らの経済的、社会的状況を向上させようとする試みにおいても団結しようとする傾向にある。特に選挙時においては、彼らは「彼らの」候補者に投票しがちである。しかし、おそらくこれらのカーストにおける連帯感は、優劣という想定からではなく、マイノリティ集団であるという感情から生まれるものである。……

カーストの痕跡は封建制度の痕跡が残る間は残るだろう。セイロンが封建制度から経済的に完全に解放されたとき、カーストもまた完全に死ぬだろう。(2)

この記事が言わんとすることは一見明快にみえるが、必ずしもそうではないのではないだろうか。この記事がカーストの消滅に関してきわめて楽観的な態度をとっていることは事実である。カーストに関わる習慣や職業は消え去ろうとしており、カーストの影響は急速に衰えている。人々、特に若者やゴイガマの人々はカーストを比較的意識せず、優劣意識が主張されることもない。なぜならば、この新聞記事によれば、カーストは封建制度の遺物であるから、社会が経済的に「解放」されればカーストも消えていくからである。

しかしこの記事の著者であるカルナーティラケは同時に、さまざまな形でカースト意識が残っていることをも認めている。たとえば、ゴイガマは最高位のカーストとしてみられていること、少なくともロディヤやキンナラなどのきわめて低位にあるとされる人々にとってはカーストは重要な意味をもっていることである。宗教施設においてはカースト別の役割がある。また、非ゴイガマ・カーストにおいてはカースト意識は強く、その連帯感は結婚や政治を含むさまざまな活動において表れている。特に政治との関連について言えば、「選挙時においては、彼らは『彼らの』候補者に投票しがちである」という記述は重要であろう。

この新聞記事に表れた当時のカーストの現実は同時代の他の観察者たちにもおおむね共有されていたように思われる。この点に関して、まずN・E・コスターというイギリス人外交官によって執筆され、イギリス本国に送られた報告書と、そのほぼ同じ頃セイロン大学に社会学教授として赴任し、シンハラ社会におけるカーストについての著書を著したブライス・ライアンの研究とを検討したい。

2 一九五四年のイギリスの報告書

一九五〇年代スリランカにおけるカーストの重要性、あるいは持続性について、イギリスの公文書もまたさまざまな角度から論じている。イギリス政府はスリランカのカーストに関心をもっていたが、それは政治的動向を分析し、予測する上で明らかにカーストを重要な要因の一つだとみなしていたからであろう。イギリスの在セイロン副高等弁務官であったN・E・コスターは、「セイロンにおける政治の社会的背景」という報告書を本国政府に向けて一九五四年七月に送っている。本節ではこの報告書を中心に当時のカーストと政治のあり方を検討していきたい。

この報告書によると、一九五四年当時、つまりこれは統一国民党政権時代であるが、選挙で選ばれた九五人の国会議員のうち、七三人がシンハラ人で、一三人がタミル人、ムスリムが七人、バーガーが一人、ヨーロッパ人が一人であった（このバーガーおよびヨーロッパ人と分類された議員はどちらも共産主義者で、ヨーロッパ人はシンハラ人コミュニストと結婚した女性であった）[3]。シンハラ人議員のカーストに関しては、七三人のうち五四人がゴイガマで、一七人が非ゴイガマ、二人がカースト不詳であるとあり、ゴイガマがシンハラ人議員の少なくとも七二パーセントを占めていたことになる[4]。一九三一年から一九四七年までのドノモア憲法下における国家評議会の時代には非ゴイガマのシンハラ人議員は非常にわずかであったことを考えれば、かなりの変化があったとも考えられる。しかし圧倒的多数がゴイガマの議員であることには変わりない[5]。また、一七人の非ゴイガマの議員のうち一〇人が（カラーワ、サラーガマなどの「低位カースト」が多く住む）沿岸地域の選挙区から選ばれていた。また、こうした「低位カーストの地域」では、統一国民党の影響力は比較的弱かった。それは多くの非ゴイガマの人々が、統一国民党やセイロン政府をゴイガマに支配されたものとみなす傾向があったからであると報告書は記している[6]。

低位カーストとされた人々の経済的上昇は、独立後のイギリスからの経済的権益移行期においてもみられた。一九五〇年代初め頃には「セイロン化政策」が「ゆっくりと、しかし確実に」進んでおり、大規模商店やイギリス人が起業した会社、あるいはプランテーション経営者がセイロン人の同業者に置き換えられるという事態が進んでいた。そうした新しくセイロン人に開放された事業に進出するのは、古い地主一族よりはむしろ、「より特権をもたない一族やさらには低位カースト」であった。[7] しかしそれにもかかわらず、政治的領域においてはゴイガマの圧倒的な優位が続いていた。

一九五〇年代の初め頃、イギリス人外交官たちはこうしたカーストに関わる状況をどのようにみていたのだろうか。コスターの報告書によれば、シンハラ人のカーストはインドに比べればはるかに穏やかであり、外面に表れるものは非常にわずかである。そのため、カーストの存在そのものを意識しないでヨーロッパ人が何か月もの間生活することもありうる。しかしそれは、コスターによれば、カーストは農村地域で最も強いからであり、村で生活し、人々の言葉を話さなければわかりにくいものだからであった。

さらにカーストに言及することを禁じるマナーがあり、カーストを公然と語ろうとしない雰囲気があると彼は述べている。コスターはそれを、生まれや育ちがきわめて重要であってもそれに言及しないことが礼儀正しいとされたジェーン・オースティンの時代のようだと記している。そして多くのヨーロッパ人が接触するセイロン人たちはカーストの影響から「最も解放された」人々であり、それゆえカーストの重要性を恥ずべきものとして最も認めたがらない人々であるからであった。さらにコスターは、このようにカーストがみえにくいのは、仏教、キリスト教、イスラームのいずれもが公的にはカーストを認めていないからであり、スリランカのヒンドゥー教徒の間にもほとんどバラモンがいないためであるとも述べている（ただし、仏教僧の三つのニカーヤがカースト区分と関連していることは記している）[8]。

このように都市部においてはカーストはみえにくいのであるが、コスターによれば、当時の人口の八四・五パーセントが住んでいた農村部においてはカーストはきわめて明瞭であった。村のヘッドマンに関しては、低位カーストに有能な人物がいたとしても、最高位、または多数派のカーストから選ばれる[9]。なぜなら、政府がその他の選択をすれば、「その村への支配力を行使する政府の能力を危うくする」からであった。さらに、西洋化された町の住人たちも、「仏教徒、ヒンドゥー教徒、キリスト教徒、あるいはムスリムであろうと」自らのカーストの人々と交際するし、最も重要なことは、子どもたちがカースト内で結婚することを見届けようとする傾向があることである。セイロンでは、コスターによれば、異なる宗教間の結婚は、異なるカースト間の結婚ほど難色を示されることはないが、それは宗教は変えられるが、カーストは変えられないからであった[10]。

実際、政治的野心のある人々にとっては、宗教的帰属は「軽く変えられる」ものであり、当時においてはキリスト教徒たちが祖先の宗教に戻る傾向にあったとされる。しかしカーストは変えられないので、「低位カーストという汚点」によって現在の影響力にも将来の展望にも影が差している有能な人々があった。こうした「低位カースト」の人々はいかに富をもち、能力をもっていたとしても、「劣位の社会的地位」に置かれており、それに対して教育を受けた「低位カースト」の人々は反発しているという状況であると報告された[11]。

しかし、いくらカーストに関わる不満が大きかったとしても、コスターによれば、こうした状況を選挙を通じて変えることは難しかった。なぜならシンハラ人人口の「少なくとも半数」はゴイガマであるから、選挙によって低位カーストがその要求を実現することは困難であったからである。沿岸地域のカラーワやサラーガマの集住地域では「すべての政党」においてこれらのカーストの代表が選ばれたが、それはそもそも候補者選出の段階でこれらのカーストの者が選ばれるからであった。しかし低地の内陸部やキャンディ地域においてはゴイガマが多数派である。そうした地域がほとんどを占めるから、沿岸地域で非ゴイガマが選ばれたとしても議会や政府におけるゴイガマの優位性は変わらなかった[12]。エリート層の意識、あるいは政治家の選択においてもカーストの影響は明らかに強かった。

3　一九五〇年代のカースト慣習

コスターの上記報告書が書かれたほぼ同時期に、セイロン大学教授であったブライス・ライアンはシンハラ社会のカーストに関してかなり詳細な研究を発表した。彼によれば、一九五〇年頃におけるシンハラ・カーストの大きな特徴の一つは、内婚規制が非常に厳格に守られていることであった。結婚は「家族の名誉」に関わるものであると考えられており、「都会のボヘミアンなエリート」や「全く混乱したスラムの住民」のなかに例外があるのみである。内婚の原則はきわめて広範に遵守されており、あらゆる形のカースト差別に反対する人々であっても、自分の子どもは自らのカースト内で結婚させようとする。こうしたなかで男女の逢い引きは事実上知られていないとライアンは記した。(13)

より近年の調査によると、現代では異カースト婚は「珍しくない」。しかし、見合い結婚の場合にはカーストは重要な要因になるし、恋愛結婚の場合においても異カースト婚を避けるために恋愛関係を構築する段階においてカーストが重要な要因になることがあるとされる。二〇〇〇年から二〇〇一年にかけて行われた鈴木の農村調査は、カースト区分は「生活の脈略から乖離して」おり、異カースト婚に対する制裁は五〇年ほど前の調査報告に比べてはるかに緩やかになっていることを示しつつも、村人同士は互いのカーストを知っており、またカースト内婚の意識は高いことをも指摘している。(14)

結婚ほど厳格ではないが、一九五〇年代のシンハラ社会には食物に関する規制もまたかなり強く残っていた。当時のスリランカにおいては一般に家庭の私的なテーブルを囲んで異カーストが交わることはなかった。また、調理された物の受け渡しという行為自体がカーストの上下関係の表明の場となっていた。高位カーストの者が低位カーストの者から調理されたものを受け取ることはなかったが、逆に低位カーストの者が高位カーストの者から受け取ることには問題はなかった。さらに、異なるカーストがともに食事をとる機会はめったになかったのである

が、それが行われる場合もその地位によって着座のあり方が決められていた。(15)

また、カースト・ヒエラルキーは厳然と存在し、低位カーストは高位カーストに対してさまざまな形で敬意を示さなければならなかった。低地では「上位の三カースト」、つまりゴイガマ、カラーワ、サラーガマ、そして地域によってはドゥラーワは、より低位のカーストから敬意を受けた。カースト間には、話し方や行動に関するカースト・エチケットがあり、きわめて穏やかであるが広範に行き渡っていた。それはたとえば、低位カーストが高位カーストの者に公道で出会ったときには道を譲る、肩からタオルや他の布を取る、頭の覆いを取るというものであった。ただ接触に関する規制はなく、その点でインドとは異なると考えられていた。(16)

ライアンによれば、カーストに関する規制は次第に緩和される方向にあったが、それでもなお一九五〇年頃には根強く存在していた。外見でカーストを見分けることはめったにできなくなっていた。しかし、低位カーストが腰より上に衣服を着けてはならないという規制が完全に消えていたわけではなかった。実際、低位カーストが腰から上を覆うことがカースト紛争の原因になることもあった。低位カーストの家が一般に認められた設計よりも立派になることに対してもゴイガマやカラーワは反発した。たとえば、ベラワー・カーストは瓦葺きの家に住むべきではないと考えられていた。村の寺は実質的にカースト別に分かれていたが、たとえ低位カーストにも開かれていたとしても、きわめて低いカーストであるとみられていたロディヤやキンナラは他の人々がいない時間帯に寺に入った。(17)

ただ、さまざまなカースト規制や差別が公然と行われることが多くの社会領域から消えつつあったことをもライアンは指摘している。たとえば政府の病院はカーストに関係なく患者を受け入れていたし、専門職の者はあらゆる顧客と取引し、バザールの店はサービスと価格によって選ばれ、学校は生徒のカーストを考慮しないことになっていた(18)。しかしながら、一九五〇年頃においては、インフォーマルな形でさまざまな影響が残っていた。たとえば、村の学校はあらゆるカーストを受け入れることになっていたが、ベラワーへの規制はあった。教師の任命に関しては地域のカーストを配慮することは一般的であり、高位カーストの生徒が低位カーストの教師から教わることに対しては根強い不満があった。また、ゴイガマの校長が低位カーストの教育改善を組織的に妨害することもあったとライアンは記している。さらに、学校の教師は数的に優勢なカーストの者であることが非常に一般的であった(19)。

公職等に関してもカーストのインフォーマルな影響は強かった。まず、これは前述のコスターも指摘していたことだが、内陸部のほとんどの地域では村のヘッドマンや村の委員会の構成員はゴイガマであった。また、さまざまな組織においては地位が高くなるほどカースト的要因が考慮された。たとえば公務員においては低い地位であればカーストは無関係であったが、高位のレベルでは非ゴイガマであることが配属と昇進において不利に働くとしばしば指摘された。多くの私企業においても地位が高くなるほどカーストが重要になった。さらに強力な政治的エリートとなるとカースト的に同質となる傾向があり、特に統一国民党はゴイガマによって支配されていると考えられていた。[20] カラーワの政治的エリートであったP・ダ・S・クラトネは、後述するように、統一国民党内で「完全に無視された」のであるが、こうした状況を考えれば彼のカーストが少なくともその一因であった可能性はかなり大きいように思われる。

明らかに一九五〇年頃のシンハラ社会にはカーストの社会的、政治的影響は大きく残っていた。カースト規制を強制するような行為は徐々に行われなくなっていたとされるが、人々の意識においては、「地位の記憶」が強固に残り、生活をさまざまな形で規定していた。結婚はその一つであったが、カースト意識は経済活動や政治活動にも影響を与えていた。ライアンがまとめているように、「コミュナルな分断のシステムとしてのカーストは現代的背景のなかで強壮で頑健なものとなっており、いくつかの点で現代的状況がそれを強化している」という状況であった。[21]

カースト規制の緩和が逆にカースト間の関係を不安定にし、カースト紛争を誘発するという結果をもたらすこともあった。一九八〇年頃に調査を行ったグナナセーカラによれば、カースト規制の緩和は、それまでカーストの相互関係において受容され、調整された従来のパターンがなくなることを意味し、その結果、各個人は侮辱されるというリスクを負うようになった。つまり、高位カーストは「低位カーストがカースト作法をばかにして従わないこと」によって侮辱されることになり、低位カーストは「高位カーストがカースト作法を維持しようとすること」で侮辱されることになるというリスクである。そして、そうしたリスクを避けるためにカースト隔離が進んでいった。たとえばかつてはさまざまなカーストが一つの寺で礼拝を行っていた地域で、カーストごとの寺が造られるようになった。そしてその場合、当然のことではあろうが、低位カーストの寺の宗派はシャム・ニカーヤではなかった[22]。

そしてカースト規制の緩和がもたらした優劣の認識をともなうカースト意識によるこうした「コミュナルな分断」によって、時にカースト間の暴力的対立が引き起こされることもあった。グナナセーカラは一九八〇年頃の状況として、彼の調査地において生じる「暴力の多くはカースト紛争という形態をとる」と報告している。これらの紛争は、特権を失いつつあるゴイガマと、逆により平等な地位を主張する低位カーストとの間に起こったものであり、こうした紛争はカースト間の対立を恒久化してしまうという傾向をもっていた[23]。前述した「変遷しつつあるカースト」という新聞記事が楽観的に主張するようにカースト規制の緩和は「カーストの死」を必ずしも直線的にもたらすわけではなく、カースト間の対立を激化させ、カースト意識を固定化させることもありうるということである。実際、そうしたことがかなりの程度起きていたことはおそらく間違いない。

いずれにせよ一九五〇年代にさまざまな形でカーストの影響は残っていたことは明らかである。特に政治の場においては強い影響力があったようにみえる。そのようななかで非ゴイガマの政治家たちはどのように政治活動を行っていたのであろうか。次節からは二人の政治家に焦点を当ててこの問題を考えていきたい。

4　P・ダ・S・クララトネと政治

一九五〇年代における非ゴイガマ・カーストの政治家のなかできわめてよく知られた者の一人はP・ダ・S・クララトネ（Patrick de Silva Kularatne, 1893–1976）であろう。彼はカラーワ・カーストの代表的な教育者であり、政治家であった。アンバランゴダ、つまりカラーワなどの非ゴイガマ・カーストが集住するスリランカ南西沿岸の町で生まれ、ゴールのリッチモンド・カレッジとコロンボのウェスリー・カレッジで学んだ。その後、イギリスへ留学し、ロンドン大学で学士号（B.A.）、理学士号（B.Sc.）、法学士号（LL.B.）を取得した。帰国後は一九一八年にコロンボにあるアーナンダ・カレッジの校長に任命された。その後一九四三年までのほとんどの時期においてアーナンダ・カレッジを率いた[24]。

アーナンダ・カレッジは一九世紀末に仏教復興運動の一つの重要な成果として設立された中等教育のエリート校である。一八九〇年に初めてスリランカを訪れたアメリカ人のヘンリー・スティール・オルコット（Henry Steel Olcott）は仏教徒神智協会を組織し、それ以前から展開しつつあった仏教復興運動のさらなる拡大に貢献したのであるが、彼が最も精力を注いだ活動の一つが仏教徒による学校の設立であった[25]。当時の教育のほとんどはキリスト教宣教師が設立した学校において行われており、仏教徒による学校設立が望まれていたのである。こうして一八八六年には、アーナンダ・カレッジの前身である仏教徒英語学校（Buddhist English School）がコロンボのペッター地区に創設された。同校のウェブサイトには、これは「仏教徒の子どもたちに自尊感情と平等な機会を与える」という目的のためであったと記されている。この学校は一八九五年に現在のコロンボ・マラダーナ地区に移り、その後初等学校から中等学校へと格上げされた[26]。第一章でみたように、仏教復興運動は非ゴイガマ・カースト、特にカラーワの強い影響下で展開したのだが、アーナンダ・カレッジと非ゴイガマ・エリートとの関係もきわめて深いように思われる。一八九五年にマラダーナ地区に移転した際にその校地を提供したのは、チューダー・ラージャパクサというサラーガマの富裕な一族に属する人物であった。また、カラーワの有力者であったW・A・ダ・シルワはこの学校の運営に深く関わった。さらに、校長職を長期間務めたクララトネ、L・H・メッターナンダはカラーワであったし、同じく校長となったG・P・マララセーカラは、次章でみるように、カラーワのエリートたちによって育てられたとも言いうる人物であった[27]。

クララトネは校長としてこのアーナンダの発展に尽力した。彼はこの教育機関のために資金を募り、優秀な教師を集めた。クララトネはまた、このアーナンダにおいて愛国的な教育を促し、「自らの国、言語、宗教、文化への強い愛情」を伝えようとした。アーナンダ・カレッジを他のキリスト教ミッション系の学校と互角に競合できる英語による中等教育機関として育てることの必要性とともに、シンハラ語やセイロン史、あるいは仏教に関する「健全な基礎学力」

をつけることをも彼は主張したのである[28]。こうした指導の結果、アーナンダで学ぶ生徒たちの試験成績は上がり、アーナンダは「仏教徒の誇り」となっていったと言われる[29]。

クララトネはアーナンダのみでなく、スリランカの「ほとんどあらゆる仏教徒学校」の発展に尽力した。また彼は『仏教徒年代記（Buddhist Chronicle）』という定期刊行物を発行した。これは「仏教徒たちを無気力から奮起」させ、さまざまな活動へと駆り立てる役割を果たした。アーナンダ・カレッジは、禁酒運動の集会や全国的な政治討論会、仏教徒の指導者たちの会談の場ともなった。この学校は仏教復興運動の展開においても重要な役割を果たした。同時代のジャーナリストのダーナパーラによれば、「民族主義的なセイロンはそのルーツをアーナンダにもっており、その息子たちはナショナリズムというメッセージをこの島中に広げた[30]」。

クララトネの教育者としての業績はこのように華々しいものであった。しかしその後の政界進出は無残なものとなった。クララトネが最初に政治家を志したのは一九四二年のことで、彼はこのときバラピティィヤ選挙区の補欠選挙に立候補し、国家評議会議員となった。その後一九四七年の選挙においては、アンバランゴダ・バラピティィヤ選挙区として改変された二人区から出馬したが、三位に終わった。一九五二年にはスリランカ自由党の指名を受け、コロンボ中央選挙区から出馬したが、またもや落選した。彼は、その後は全セイロン仏教徒会議の活動に専念し、一九五八年には総裁に選出された。

しかし彼の政治家としての野心は消えず、この権威ある仏教徒組織の総裁としての地位を辞し、一九六〇年三月の選挙ではアンバランゴダ選挙区において統一国民党から出馬した。このときは落選したものの、同年七月の総選挙では当選を果たした[31]。しかしこうして晴れて議員となったのであるが、統一国民党は彼を平議員（backbencher）に留めおき、彼に要職を与えることはなかった。当時のジャーナリストであるダーナパーラによれば、彼はこうして「完全に無視された」のであり、「政治における失敗のちっぽけな記念碑」、「敗北の象徴」となったのであった[32]。

　クラトネの政治家としてのこうした「失敗」、特に一九六〇年の当選後の不遇にカーストの問題が関わっているという確かな証拠はない。彼はカラーワが多く居住する選挙区においても落選していることから、彼自身のカーストに対してさえも十分な政治的影響力をもちえなかったと言えるかもしれない。しかし彼ほど著名な人物が統一国民党内で「完全に無視された」原因の一つにカーストがあった可能性を捨てることはできない。ゴイガマ議員が圧倒的多数を占めるスリランカ政治、ゴイガマによる支配が特に顕著であるともされた統一国民党においてカラーワ出身の政治家がかなりの困難に直面したことは十分にありうることである。この時代における政治家とカーストとの関係は、次にみるC・P・ダ・シルワの事例においてより明確となるように思われる。

5　C・P・ダ・シルワとサラーガマ・カースト

一九五〇年代において非ゴイガマの政治家のなかでクララトネよりもはるかに大きな政治的影響力を発揮したのはC・P・ダ・シルワ（Charles Percival de Silva, 1912–1972）であった。彼はサラーガマ・カースト出身であったが、議院のリーダー、農業国土大臣の地位にまで上りつめた。彼が首相にはなれなかった理由は必ずしも明らかではないが、後述するように彼のカーストが彼の政治的成功に不利に働くという見方は根強くあった。

サラーガマはハラーガマ（Halagama）とも呼ばれるが、チャリヤ（Chalia）として言及されることもあった。彼らはカラーワやドゥラーワと同様、比較的新しい時期に南インドから渡来し、シンハラ化した人々である(33)。その多くがシナモン生産に従事し、多数がスリランカ南西部沿岸のバラピティヤ地域に集住していた。そのためバラピティヤ選挙区は「ほとんどもっぱらサラーガマ」であるという状況であった。このカーストの地位はもともとはかなり低かったが、植民地時代における経済的重要性のためにその地位は大きく上昇したと考えられている。また、彼らはカラーワと同様に自らのカースト出自を隠そうとはしなかった。カラーワたちがクシャトリヤ起源を主張したように、サラーガマたちは自らをバラモン出自であるとした(34)。

サラーガマの実業家のなかでも特に成功した人物として知られるのが、サー・シリル・ダ・

ソイサー（Sir Cyril de Zoysa）という人物である。彼はバス会社（South Western Bus Company）を創設し、大富豪となった。またブリティッシュ・レイランドの代理権を獲得し、自動車バッテリー、自動車部品、ゴム製品などを製造し、その後、アソシエイテッド・モーターウェイズという名の会社を設立した[35]。この会社は二〇〇八年からはアラブ首長国連邦を本拠とするアル・フタイム（Al Futtaim）グループの傘下に入っているが、現在でもスリランカの自動車関連産業において重要な役割を果たしている[36]。

C・P・ダ・シルワもサラーガマの富裕な一族に生まれた。父親はバラピティヤとゴールで民事問題を扱う事務弁護士であった。マウント・ラヴィニヤのエリート校セント・トマス・カレッジに通い、その後セイロン・ユニヴァーシティ・カレッジにおいて数学の第一級優等学位（First Class Honours）を獲得した。一九三五年にはセイロン高等文官に採用された（N・Q・ダヤスがセイロン高等文官に採用されたのは一九三六年のことであったから、両者はほぼ同世代の同僚ということになる）。ダ・シルワはその後の一五年間をエリート行政官として働き、国土開発食糧生産長官などの職に就いた[37]。

C・P・ダ・シルワが官職を退いたのは一九五〇年であった。S・W・R・D・バンダーラナーヤカが一九五一年にスリランカ自由党を創設すると、彼はその新党に参加し、一九五二年の選挙ではポロンナルワ選挙区から選出された。このドライ・ゾーンの選挙区は彼がかつて行政官として勤務していた地域であり、そのときの功績から彼はこの地域で強く支持されていた。スリランカのドライ・ゾーンへの入植計画はD・S・セーナーナーヤカによって本格的に始められたものであったが、その計画を実際に実行したのは国土開発長官（Director of Land Development）に任命されたこのダ・シルワだった。この過程で多数のサラーガマ農民がスリランカ南西部からポロンナルワ付近に入植し、この地域におけるこのカーストの有権者数は急激に拡大した。こうした背景もあってダ・シルワはポロンナルワ地域ではきわめて強く支持されていた。たとえば一九六〇年三月の選挙では総投票数一万二〇四七票のうち九七七〇票、つまり八一パーセントを獲得した。サラーガマのコミュニティはドライ・ゾーンへの入植や大規模開発プロジェクトに関連して大きな利益を上げたと言われる[38]。

ポロンナルワ地域におけるダ・シルワの圧倒的な得票率は明らかに彼のスリランカ自由党内での立場を有利にした。一九五二年の選挙は対立する統一国民党が地滑り的な勝利を収めた選挙であり、スリランカ自由党の候補者にはきわめて不利な状況であった。しかしそれでも彼は当選した。バンダーラナーヤカが政権を奪取した一九五六年の選挙でももちろん彼は当選し、その後は与党議員として政治的経歴を積み重ねていくことになった。バンダーラナーヤカは彼を院内総務（Leader of the House）および国土および国土開発大臣に任命した。

バンダーラナーヤカがダ・シルワを重用した原因の一つは明らかにスリランカ自由党の選挙戦略にあった。一九五六年に党首バンダーラナーヤカはそれまで政治的に排除されてきた「普通の人」に重点的に政策を訴えた。この姿勢は低位カーストや社会的に抑圧されてきた人々に希望を与え、彼らは重要な支持層となった。実際、バンダーラナーヤカのスリランカ自由党はかなりの数の非ゴイガマ票を集めたとみられていた(39)。自らの内閣において非ゴイガマのダ・シルワを重用したことは明らかにその支持基盤に対して自らの政治姿勢をアピールするという意味をもっていた(40)。

バンダーラナーヤカ政権下でのダ・シルワの政治家としての活躍は華々しかった。一九五九年九月にバンダーラナーヤカ首相が暗殺されたときには、彼は次期首相候補の一人になっていた。にもかかわらずこのとき首相に選ばれなかったのは、暗殺の二、三か月前に彼は重病を患い、治療のためロンドンに運ばれ、その地で療養中であったためであると言われている。彼の病気は脳卒中（stroke）であると一般にはみなされていたようであるが、必ずしも明らかではない。閣議の最中に不自然に出されたミルクを飲んだためだという見方もあった。このミルク説はクルクララトネという当時のジャーナリストが唱えたものである。一九五九年八月二五日、つまりバンダーラナーヤカ暗殺の約一か月前の閣議の際に依頼したわけではないミルクが首相あてに運ばれてきた。バンダーラナーヤカはこれを断り、代わりに隣に座っていたC・P・ダ・シルワに勧めた。ダ・シルワはそれを飲んだ後に倒れ、病院に運ばれた。意識は回復したのであるが、特殊な治療が必要だとされたため、イギリスに渡ったというものである(41)。

いずれにしても、首相暗殺時においてもイギリスに滞在していたため、ダ・シルワは首相候補から外れ、議院院内総務代理であったW・ダハナーヤカが次期首相となった。しかしその後、ダハナーヤカと彼のスリランカ自由党との対立が生じ、ダハナーヤカは離党した。そのため党首となったC・P・ダ・シルワが一九六〇年三月の総選挙においてスリランカ自由党を率いて戦うことになった。もし彼の党がこの選挙に勝っていれば初めてのサラーガマの首相が誕生したはずであった。しかしスリランカ自由党は敗北した。逆に、この選挙において「意外な成績を収めた」シリマーウォー・バンダーラナーヤカ夫人の活躍が評価されることになった。ダ・シルワは五月七日に党総裁を辞任し、バンダーラナーヤカ夫人が新総裁となった。ダ・シルワの辞任の理由は公式には健康問題であるとされた。しかし、彼が同僚たちの信頼を十分に勝ち得ていなかったこと、民衆の注目を集めるようなことをほとんどしなかったこと、野党のリーダーとしての演説の力量に問題があることなどがその原因として指摘された。しかしそれに加えて、彼のカーストが党総裁としての権威を保持する際に障害になったという見方もあった。[42]

C・P・ダ・シルワがその後、シリマーウォー・バンダーラナーヤカ政権においても下院院内総務などの役職に就いたことは事実である。[43] しかし、バンダーラナーヤカ夫人はダ・シルワよりも彼女の甥であったフェリックス・ダヤス・バンダーラナーヤカを重用した。非ゴイガマ・カーストが高位の地位に就くことをラダラという貴族的身分出身の彼女が望まなかったからだとも言われる。[44] S・W・R・D・バンダーラナーヤカの死後、スリランカ自由党は統一国民党と同様にカーストと同族のネットワークを作り始め、低位カーストは権力の中枢から排除されていった。[45] こうしたなかでダ・シルワの影響力は明らかに衰えていった。いずれにせよ、その後、政権にマルクス主義者が加わったことを理由として、ダ・シルワは一九六四年にスリランカ自由党を離党し、スリランカ自由社会党を創設した。この政党は統一国民党に吸収され、彼は後にこの政党の副総裁になった。しかし政治的影響力が十分に回復することはなかった(46)。

C・P・ダ・シルワにとってサラーガマであることは不利な条件であったのだろうか。確かに彼はこのカーストが多数を占める彼の選挙区においてはきわめて有利に選挙戦を戦うことができた。しかし他のシンハラ地域のほとんどの選挙区においてはゴイガマが多数派であり、選出される議員たちも大多数がゴイガマであった。圧倒的多数がゴイガマである政界において非ゴイガマの政治家が十分な影響力を発揮することは難しかったのではないだろうか。実際、すでにみたようにダ・シルワを党首とした一九六〇年三月の選挙の結果は芳しいものではなかった。そして、その原因を、党がゴイガマの党首によって導かれていなかったからだと考える政治家は多かった(47)。

非ゴイガマであることが政治的野心に不利に働きうるという認識は、当時の外交官たちのなかでは常識のようなものであった。前述したようにイギリスの外交官たちの間には明らかにあった。またオーストラリアの外交官はC・P・ダ・シルワについて一九六〇年三月の総選挙直後に次のように書いている。

スリランカ自由党の指導者（C・P・ダ・シルワ氏）はダッドリー・セーナーナーヤカ氏と

同様に諸問題をかかえている。健康問題（これにはさまざまな異説があるのだが）を別にすれば、ダ・シルワ氏はカラーワ（漁民）カーストよりもわずかに低いハラーガマ・カーストに属しているという点で不利である。セイロン政治においては、カーストは承認された要因ではないが、一要因であるということをこれまでの諸報告書のなかで我々は述べてきた。首相になるという彼がもっているかもしれない意向にこれがどの程度影響するかは興味深い推測である〈括弧内は原文のまま〉。[48]

スリランカ政治におけるカーストの重要性については、日本人外交官もまた本国へと伝えている。一九六〇年代半ばの在セイロン大使館からの報告書には、「最高権力者たるためには矢張り高地（キャンディ王朝直系家系）のゴイガマまたはこれに次ぐ低地のゴイガマであることが望ましいと考えられている」とある〈括弧内は原文のまま〉。[49] こうした見方がスリランカ政治を間近に観察していた各国の外交官たちの間で共有されていたことは間違いないように思われる。そして、実際よく知られているように、独立後のスリランカの最高権力者（一九七二年までは首相、それ以後は大統領）は、今日に至るまで一人の例外を除きすべてゴイガマである。

6　おわりに

カーストと政治との関連について、本章では一九五〇年代のスリランカ社会におけるカーストの影響に関する主に三つの文献を検討した。それらはニュアンスの違いはあるものの、二つの点においておおむね共通しているように思われる。一つは、カースト意識のあからさまな表出、あるいはカーストによる社会的規制は明らかに目につきにくくなっていたということである。この点について、カルナーティラケの新聞記事は「いかなるカーストも生まれつきの優劣を主張しない」と書き、イギリス人外交官コスターは、シンハラ社会のカーストは「インドに比べればはるかに穏やかであり、外面に表れるものは非常にわずかである」と報告した。また、学術調査を行ったライアンは大半の病院や専門職、あるいは学校においては「カースト的伝統や結束は意味をなさない」と述べた。

しかしそれにもかかわらず、本章で検討した三つの文献は、カースト集団の分断と対立、あるいは政治的重要性はかなりの程度持続していることを示唆している。カルナーティラケは、非ゴイガマ・カーストの人々は、「結婚のみでなく、自らの経済的、社会的状況を向上させようとする試みにおいても団結しようとする傾向にある。特に選挙時においては、彼らは『彼らの』候補者に投票しがちである」と記した。カーストの政治的重要性に関して、コスターは、ほとんどの村のヘッドマンはゴイガマから選ばれ、人々は自らのカーストの人々と交際する傾向にあり、「低位カーストという汚点によって現在の影響力も将来の展望にも影が差している有能な人々」があると報告した。ライアンもまた、普通選挙によってカーストの団結や相互の敵意が高まり、カースト規制が最も緩和された沿岸地域においてカースト的対立は最も先鋭になったことを指摘し、「コミュナルな分断のシステムとしてのカーストは現代的背景のなかで強壮で頑健なものとなっており、いくつかの点で現代的状況がそれを強化している」と述べた。

このように一九五〇年代のスリランカにおいては、表面的にはカーストの影響は次第にみられなくなりつつあったが、カーストによる分断は残り、その政治的影響力は明らかに存在していた。独立後を中心にかなり長期にわたりインド系タミル人の指導者であり続けたS・トンダマーンもまた、一九六〇年代当時の現状に関して、カーストという言葉は「今も禁じられた言葉」であるが、カーストはこの国の「あらゆる部分」において「政治的行動や操作」に影響を与えていると述べた(50)。こうした政治家、特に有力な政治家にとってのカーストの重要性は、次のようにも説明できるかもしれない。本章でみたように、当時のほとんどの人々は農村に居住していたが、農村におけるカーストの重要性は都市に比べればはるかに強かった。こうしたなかで非ゴイガマを党首に戴く政党が不利であることは明らかである。さらに、ライアンが指摘しているように、地位が高くなるほどカーストが重要になるというメカニズムが非ゴイガマの政治家を排除する役割を果たした可能性もある。これは女性やマイノリティの昇進に関して言及されることが多い「ガラスの天井」という問題と類似するものであるようにも思われる。

いずれにしても、こうしたなかで非ゴイガマの政治エリートたちが政治的影響力を確保することは少なくともゴイガマのエリートたちに比べれば明らかに難しかった。クララトネやダ・シルワが必ずしも十分に彼らが望む政治的活動ができなかった少なくとも一因にカーストの問題があったことは十分に想定できるのではないだろうか。少なくとも当時のスリランカ政治の観察者たちの多くにはそう思われていた。P・ダ・S・クララトネは、教育者として華々しい成功を収めながら、統一国民党内では「完全に無視」されることになった。サラーガマのC・P・ダ・シルワは、スリランカ自由党内ではかなりの地位にまで上りつめたのだが、首相になることはできなかった。カーストが彼らの政治的活動をどの程度制約したかは必ずしも明らかではない。しかし、ゴイガマが圧倒的多数を占める政界においては非ゴイガマ・カーストの政治家たちは不利であるという認識は当時の人々の間にはかなりの程度あったことは確かである。

それではこうした状況のなかで政治的野心をもつ非ゴイガマのエリートたちはどのように行動しうるのだろうか。どのような選択肢がありえたのであろうか。当時強力に台頭しつつあったシンハラ仏教ナショナリズムに深く関わり、より高次なアイデンティティにコミットすることでカースト的制約を乗り越えようという戦略はその一つになりうると思われる。本章でみたように仏教復興運動に大きく貢献したアーナンダ・カレッジに関わった多くの人々が非ゴイガマであったことはその一つの表れであったかもしれない。こうした点に関するより詳しい検討は次章以降の課題としたい。

【注】

（1） Dingi Karunatillake, *A Study of the Socio-economic Conditions and Investment Potentialities of the Settlers of the Mahaweli Development Project: the Report of a Field-survey of the First Stage of Settlement, Study papers, 183* (Research Department, People's Bank, Colombo, c. 1977).

（2） 'Caste in Transition', *The Ceylon Daily News*, 4 September 1959.

（3） 'The Social Background to Politics in Ceylon', High Commissioner to Swinton, 1st July 1954, DO 35/8902, National Archives, London.

（4） 'The Social Background to Politics in Ceylon'.

（5） Jiggins, *Caste and Family Politics*, p. 87.

（6） 'The Social Background to Politics in Ceylon', High Commissioner to Swinton, 1st July 1954, p. 15, DO 35/8902, National Archives, London.

（7） 'The Social Background to Politics in Ceylon'.

（8） 'The Social Background to Politics in Ceylon'.

（9） 'The Social Background to Politics in Ceylon'.

（10） 'The Social Background to Politics in Ceylon'.

（11） 'The Social Background to Politics in Ceylon'.

（12） 'The Social Background to Politics in Ceylon'.

(13) Bryce Ryan, *Caste in Modern Ceylon: The Sinhalese System in Transition* (New Delhi: Navrang, 1993; first published Chapel Hill, NC: Rutgers University Press, 1953), pp. 29, 153, 308.

(14) Kalinga Tudor Silva, P. P. Sivapragasam, Paramsothy Thanges (eds.), Casteless or Caste-Blind?, p. 30; 鈴木晋介『つながりのジャーティヤースリランカの民族とカースト―』法藏館、二〇一三年、二五八～二五九、二八〇頁。

(15) Ryan, *Caste in Modern Ceylon*, pp. 157, 159.

(16) Ryan, *Caste in Modern Ceylon*, pp. 165, 168–69.

(17) Ryan, *Caste in Modern Ceylon*, pp. 166, 167, 173, 174; ベラワーは比較的数が多く、各地に散らばっていた。彼らは太鼓たたきのカーストであり、これは寺院などでの儀礼において必要不可欠なものであった。太鼓たたきは実質的に彼らの独占であったが、彼らの地位は高くなかった。彼らはまた伝統的に機織り、占星術、「悪霊払い」などに従事していたが、これらは彼らだけが独占していたわけではなかった。Ryan, *Caste in Modern Ceylon*, p. 124; ある地方では一九四七年になっても、Batgamは腰と膝の間にしか衣服を着けることができなかった。Tamara Gunasekera, *Hierarchy and Egalitarianism: Caste, Class, and Power in Sinhalese Peasant Society* (London: Athlone Press, 1994), p. 100.

(18) Ryan, *Caste in Modern Ceylon*, p. 275.

(19) Ryan, *Caste in Modern Ceylon*, pp. 283, 272, 382, 328.

(20) Ryan, *Caste in Modern Ceylon*, pp. 277, 284, 330, 321, 324, 339.

(21) Ryan, *Caste in Modern Ceylon*, pp. 303, 341.

(22) Gunasekera, *Hierarchy and Egalitarianism*, pp. 112, 114.

(23) Gunasekera, *Hierarchy and Egalitarianism*, pp. 105, 106.

(24) The Ceylon Daily News, *Parliaments of Ceylon 1960* (Colombo: Lake House, c. 1960), p. 81; ‘Past Principals’, Ananda College, http://www.ananda.sch.lk/paststaff.php（二〇一四年六月二日にアクセス）。

(25) 杉本良男「儀礼の受難―楞伽島奇談―」『国立民族学博物館研究報告』二七-四、二〇〇三年、六六三頁、Kitsiri Malalgoda, *Buddhism in Sinhalese Society, 1750–1900: A Study of Religious Revival and Change* (Berkeley: University of California Press, 1976), p. 249.

(26) ‘Historical Sketches of Ananda’, http://www.ananda.sch.lk/anandahistory.php（二〇一四年一二月一四日にアクセス）。

(27) Michael Roberts, Caste Conflict and Elite Formation, The Rise of the Karava Elite in Sri Lanka 1500–1931 (New Delhi: Navrang, 1995; 1st published, Cambridge: Cambridge University Press, 1982), pp. 112, 314.

(28) D. B. Dhanapala, *Among Those Present* (Colombo: M. D. Gunasena & Co., 1962), pp. 116, 122.

(29) Dhanapala, *Among Those Present,* pp. 115, 116, 122.

(30) Dhanapala, *Among Those Present,* pp. 116, 117.

(31) The Ceylon Daily News, *Parliaments of Ceylon 1960* (Colombo: Lake House, c. 1960), pp. 80–81; 彼がアンバランゴダを中心とする選挙区から出馬したのは、一つにはそれが彼の出身地であったからであり、またこの地域がカラーワ・カーストの集住地域であったからであった。政党は候補者を選ぶ段階でカーストを考慮していた。アンバランゴダ・バラピティヤ選挙区は二人区であったが、サラーガマとカラーワの候補者が選出されていた。「カーストの息子を議会へ送る」ことを求めるような文章が出されることもあった。アンバランゴダでは一九六〇年以降、すべての候補者はカラーワとなり、バラピティヤではほぼすべてがサラーガマとなった。ただ、近隣のベンタラ・エルピティヤ選挙区ではすべての候補者はゴイガマであった。'The Social Background to Politics in Ceylon', High Commissioner to Swinton, 1st July 1954, DO 35/8902, National Archives, London; Jiggins, *Caste and Family Politics*, pp. 47–51.

(32) Dhanapala, *Among Those Present,* pp. 118–19.

(33) K. M. de Silva, *A History of Sri Lanka* (New Delhi: Oxford University Press, 1999, 1st published 1981), p. 91.

(34) Ryan, *Caste in Modern Ceylon*, pp. 104–10; 'Political Parties and Pressures in Ceylon', Research Department Memorandum, 26 February 1970, p. 9, FCO 51/156, National Archives, London.

(35) Jiggins, *Caste and Family Politics*, p. 28.

(36) Associated Motorways (Private) Limited, http://www.amwltd.com/the-company（二〇一五年一月六日にアクセス）。

(37) The Ceylon Daily News, *Parliaments of Ceylon 1960,* p. 139; Buddhika Kurukularatne, *Men and Memories* (Pannipitiya, Sri Lanka: Stamford Lake Publication, 2011), p. 110.

(38) Jiggins, *Caste and Family Politics*, pp. 28, 54–55, 90; The Ceylon Daily News, *Parliaments of Ceylon 1960,* p. 139.

(39) Robert N. Kearney, *The politics of Ceylon (Sri Lanka)* (London: Cornell University Press, 1973), p. 186.

(40) Jiggins, *Caste and Family Politics*, p. 151.

(41) Kurukularatne, Men and Memories, p. 108.

(42) K. F. X. Burns, Office of High Commissioner to H. R. E. Browne, Commonwealth Relations Office, 13 May 1960, DO 35/8910, National Archives, London.

(43) The Ceylon Daily News, *Parliaments of Ceylon 1960,* p. 140.

(44) Kurukularatne, *Men and Memories*, p. 118.

(45) Jiggins, *Caste and Family Politics*, p. 151. こうしたなかで例外的に大きな影響力をもった非ゴイガマ・エリートがN・Q・ダヤスであった。この点に関しては第五章において見ていきたい。

(46) 'Political Parties and Pressures in Ceylon', Research Department Memorandum, 26 February 1970, pp. 24–25, FCO 51/156, National Archives, London.

(47) Kearney, *The politics of Ceylon*, p. 188.

(48) J. C. G. Kevin, Australian High Commissioner, Colombo to R. G. Menzies, Prime Minister, Australia, 25 March 1960, DO 35/8910, National Archives, London.

(49) 「セナナヤケ首相略伝等送付の件」在セイロン日向大使から外務大臣、昭和四二年五月三〇日、南西アジア課第４６４号、リール番号A'４１５、コマ番号１２６７－71、外交資料館。

(50) S. Thondaman, *Tea and Politics: An Autobiography,* Vol. 2: *My Life and Times* (Colombo: Vijitha Yapa Bookshop, 1994), p. 205.

第3章　一九五六年の政治変革

一九五〇年代はシンハラ人とタミル人の間の民族対立がますます深刻化していった時期であったが、前章でみたように、カーストがかなりの政治的影響力をもっていた時期でもあった。特に、ゴイガマ・カーストは圧倒的に有利な立場にあった。他方で経済に目を向けると様相はかなり異なっていた。第一章でみたように、植民地期の社会的、経済的変動のなかで巨大な富を蓄積した人々のなかには多くの非ゴイガマの人々が存在した。特にカラーワの経済的成功は顕著であった。このような状況のなかで非ゴイガマのエリートたちはどのような政治的行動をとったのだろうか。

本章では主に、独立から一九五六年の政治変革に至る時期におけるシンハラ仏教ナショナリズムの展開をたどり、そのなかにおけるカラーワ・エリートたちの動きを明らかにしたい。なかでもN・Q・ダヤスという行政官に焦点を当てたい。彼は一九五〇年代から六〇年代前半における政治的展開にきわめて大きな影響力をもった人物であるが、これまで十分には注目されてこなかった。本章では、一九五六年の政治変革に至る過程を検討するなかで、ダヤスを中心とする非ゴイガマ・カーストの活動の一端を明らかにしたい。

1 ドノモア憲法と「コミュナリズム」

一九五〇年代の政治変革はシンハラ仏教ナショナリズムの展開のなかで生まれたものであった。このイデオロギーは一九世紀半ばに生まれ、さまざまな形態をとりながら徐々に影響力を高めてきたが、とりわけ一九三一年の普通選挙の導入以降、大きく政治的に展開することになった。ただ、シンハラ対タミルという対立図式が明示化され、シンハラ語のみの公用語政策（いわゆる「シンハラ・オンリー」政策）が明確に提示されるのは一九五六年の選挙の直前になってからであった。

二〇世紀前半のスリランカではイギリスからの権限移譲が進むにつれて、さまざまな集団間の対立がますます深刻化していった。一九三〇年代初めに新憲法を導入したドノモア委員会は立法評議会時代に存在したコミュナル議席を廃止することが国民統合につながるという信念に影響されていた。しかし結果は明らかにその逆になった。植民地政府によって一九三一年に普通選挙がいわば上から導入されたとき、多くの人々の政治意識は十分には育っていなかった。政治家たちもまた民衆、特に農村の人々に接近する手段を十分にはもっていなかった。そうしたなかで多くの政治家たちが頼ったのは、宗教、民族、カーストといった「コミュナルな」感情に訴える手法であった。この傾向は一九三六年の選挙でさらに激しくなった。セイロン知事であったR・E・スタブスが「コミュナルな感情は二〇年前に比べてはるかに激しくなっている し、近年の選挙の経験によって状況がさらに悪化するような傾向があると思う」と述べたのはこのときであった。(1)

ドノモア憲法による普通選挙の導入とその後に行われたコミュナリズムの扇動によって最も優位に立ったのは総人口の六割以上を占めたシンハラ人仏教徒の政治家たちであった。彼らの多くはスリランカ(当時はセイロン)をシンハラ人の国であるとみなすイデオロギーを最大限に利用しようとした。たとえば、シンハラ人会議(The Sinhalese Congress)という組織の総裁であり、同時に国家評議会の副議長であったウィジェーラトネ(E. A. P. Wijeratne)という人物は、「シンハラ人はセイロンでは中軸的な地位にあり、他のコミュニティの助力があろうとなかろうと我々は我々の望むあらゆる改革を提示するのだという事実にセイロンの他のコミュニティは黙って従わなければならない」と述べた。(2) 保健省の大臣であり、仏教徒神智協会の総裁であり、またカラーワの実力者でもあったW・A・ダ・シルワ(W. A. de Silva)はシンハラ人の聴衆に向かって「セイロンは本来シンハラ人のための国である。他のコミュニティはこの事実を察知するのが早ければ早いほど身のためである」と述べた。(3) S・W・R・D・バンダーラナーヤカがシンハラ大協会(Sinhala Maha Sabha)という団体を結成したのは多数派としてのシンハラ人の優越意識がますます高揚しつつあったこの時期であった。そして彼もまた次のように述べた。「もしセイロンの他のコミュニティがシンハラ人支配を受け入れる覚悟がなければ、彼らは立ち去ることを決断することになるかもしれない」[4]。

こうした排他的な主張が繰り返し表明され、影響力を広げるなかで、シンハラ人多数派地域でマイノリティの政治家が議席を得ることは事実上不可能になった。それでも出馬したタミル人政治家もあったが、その場合は選挙時に反タミル感情が煽られ、タミル人は「エラーラ王のときからシンハラ人の敵である」などと叫ばれることもあった[5]。こうした状況に対抗して、すでに一九三五年六月一日にはC・S・ラージャラトナムという事務弁護士を代表とする五〇人ほどのタミル人たちが植民地省宛てに請願書を送っている。彼らはこのなかでドノモア憲法によって「全政治権力」が一つのコミュニティに与えられたこと、さらにその格差を是正しようとする努力がシンハラ人政治家の側からはなされなかったことを指摘した。そして請願者たちは、議員数の二五パーセントを低地シンハラ人に、二五パーセントを高地シンハラ人に、二五パーセントをセイロン・タミル人に、そして残りの二五パーセントを「その他のマイノリティ」に配分することを要求した[6]。

その後、マイノリティ、特にタミル人たちからのこうした要求は「フィフティ・フィフティ」という形でより強力に主張されるようになった。この要求を主導したのは、後に全セイロン・タミル会議（All Ceylon Tamil Congress）の総裁になったG・G・ポンナンバラムであった。当初、一三対七、六〇対四〇という割合も検討されたようであるが、一九三七年六月の会議でマジョリティ対マイノリティの割合を五〇対五〇として要求することが決まった。もちろんこの提案はさまざまな批判に直面した。ヨーロッパ人たちのなかにはこれはマイノリティによるマジョリティの支配につながりかねないものであり、民主主義の原則に反するばかげた提案であるとみなす者もあった。ほぼすべてのシンハラ人たちには極端すぎて受け入れることができないものであった。[7] こうして、ドノモア憲法下においてシンハラ人の政治家たちの支配権は圧倒的に強化され、そのことはタミル人たちの間に非常に大きな不満や不安を与えることになった。

しかしながら、シンハラ人政治家たちがセイロン・タミル人たちを直接の標的としてコミュナルな意識を煽ることはまれであった。選挙時などにおいてより明確な標的となったのはキリスト教徒やインド系の移民に対してであった。よく知られているように、一九三六年の選挙では当時の代表的なシンハラ人政治家でキリスト教徒であったE・W・ペレーラーがホラナ選挙区から出馬し落選したが、このとき「仏教徒の影響力を護れ」という反キリスト教宣伝が盛んに行われた。この選挙時にはハンバントタにおいてもカトリックの候補者への反発を煽るリーフレットが配布された。そこには、カトリック教徒たちは菩提樹の木を切り、ポロンナルワの仏像の上に座り、『マハーワンサ』(パーリ語で書かれたスリランカの諸王に関する叙事詩)を侮辱しているなどと書かれていたという。さらにモラトゥワでは、キリスト教徒の候補に投票するようにとキリスト教徒に対して呼びかける偽のパンフレットが配布され、反キリスト教感情が煽られた。[8]

一九五〇年代になっても、いわゆるセイロン・タミル人たちが明確な標的になることはまれであった。一九五四年にイギリス人の外交官が「セイロンにおけるコミュナリズム」という報告書を本国に送っているが、そこにあるのは宗教的なコミュニティ間の対立に関する問題や、「インド人問題」とされるものである。この外交官によれば、一九五四年には三つの「コミュナル暴動」があった。一つは東部地域におけるヒンドゥー教徒とムスリムとの対立、二つ目はキャンディ付近のマウァンウェッラという町においてムスリムの店が仏教徒に焼かれたというものである。これは「挑発的な」仏教徒の行進がモスク付近を通るのを警察が止めようとしたために起こった。そして三つ目が、パーナドゥラにおけるカトリック教会の新設を巡って起きたものである。つまりいずれも宗教的コミュニティ間の対立に関連したものであった。

このイギリス政府公文書はまた、当時の顕著な傾向として「シンハラ・ナショナリズム」を指摘しているが、その中心となるのは反インド人感情であった。有力な政治家であったR・G・セーナーナーヤカ（F・R・セーナーナーヤカの長男）が「インド人問題はセイロン人を脅かしている。インド人たちをこの国から一掃するために団結すべきだ」と述べたこと、またインド人企業やインドからの影響に対抗するためにトゥリ・シンハラ戦線（Tri Sinhala Peramuna）という組織が設立されたことを記している。この団体は、インドからの脅威は過去においてはシンハラ文化の豊かさを破壊したが、今日では「装いを変えて現れ、この国の国民を追い出そうとしている」などと主張した。彼らはキャンディ地域で活動し、インド系企業のボイコットやインドの影響の排除を企てた。さらにバンダーラナーヤカのスリランカ自由党も統一国民党がインド人をセイロンから即座に排除しないことを批判している(9)。

このように、一九五六年以降顕著となりその後のスリランカ政治や社会に大きな影響を与えたシンハラ対タミルの対立は、一九五〇年代半ば近くになってすら十分には顕在化していなかった。後述するように、バンダーラナーヤカのスリランカ自由党がいわゆるシンハラ・オンリー政策を公式に掲げたのは一九五五年一二月のことであった。その後一九五六年の政治変革を経てシンハラ人とセイロン・タミル人との対立は急速に深刻化することになったのである。本章でみていくように、バンダーラナーヤカがこの政策を受け入れた大きな理由の一つは、組織化された政治意識の高い仏教僧たちの政治的影響力を無視できなかったからであった。そしてその仏教僧の政治意識を高め、彼らの組織化を促進した重要な要因の一つがカラーワのエリートたちが深く関わった仏教委員会の調査活動とその報告書であった。

2 仏教委員会の報告書とその影響

スリランカにおいて仏教僧たちの政治的関与が注目され始めたのは一九三〇年代後半のことであった。選挙時において、特に対立候補がキリスト教徒であるような場合に仏教僧たちは政治家たちから利用されることがあった。インドの民族運動の影響を受けた若い仏教僧たちのなかには、ランカ平等社会党（ＬＳＳＰ）や共産党を支持する者もあった。しかし、こうした仏教僧たちが十分に組織化され、一般民衆、特に農村の民衆とのつながりを強力にもっていたとはいえない。一九四六年にはランカ統一比丘同盟（Lanka Eksath Bhikkhu Mandalaya）という団体が設立されたが、その影響は概して都市部に限られ、十分な政治的勢力とはなっていなかった。[10]

こうしたなかで仏教徒の権利を要求する政治的活動が一九五一年頃から活発になった。この年、在家信者の団体である全セイロン仏教徒会議は「仏教と仏教施設」の保護を政府に要求した。全セイロン仏教徒会議は、当初「ＹＭＢＡの全セイロン会議」として創設されたもので、その後一九二四年に仏教徒協会全セイロン会議と改称された。全セイロン仏教徒会議（All Ceylon Buddhist Congress）と再度改称されたのは一九四〇年のことであった。この組織の設立の目的には、仏教の保護育成と仏教徒の「権利と特権」を守り、「仏教徒を代表し、彼らの利害に関わる公的事項に対し、仏教徒の代理となって活動する」ことが含まれていた。[11]

全セイロン仏教徒会議は仏教委員会の設立にも関わった。この委員会の起源は、一九五三年に仏教徒の指導者たちが仏教の現状を調査することを政府に求めたことに始まる。当時の統一国民党政府はその要求を拒否したため、仏教徒たちは自力で委員会を立ち上げることを決意した。こうして一九五三年一二月二七日、全セイロン仏教徒会議の年次総会で仏教調査委員会（The Buddhist Committee of Enquiry）の設立が正式に決まった。[12] 一般に仏教委員会と呼ばれたこの組織は、その後スリランカ各地で会合を開いた。報告書によれば、彼らは「仏教徒社会のすべての層」の声を聴取した。その活動は一九五四年のラトナプラに始まり、一九五五年五月二二日のアヌラーダプラに終わるという長大なもので、全行程は六三〇〇マイル（約一万キロメートル）に及んだ。[13] このなかで一八〇〇人の在家信者と七〇〇人の仏教僧が委員会に対して意見を述べたといわれる。[14]

仏教委員会は七人の仏教僧と七人の在家信者で構成されたものであった。この委員会は明らかにさまざまなカーストの出身者から成り立っていた。仏教僧はピリウェナと呼ばれる仏教僧教育機関で働く教師たちであり、シャム・ニカーヤ、アマラプラ・ニカーヤ、ラーマンニャ・ニカーヤの僧が含まれていた。[15] これはつまり、委員会を構成した仏教僧たちは明らかに特定のカーストの出身者のみではなかったということである。スリランカでは仏教僧のニカーヤとカーストとの間にはかなり密接な関係があった。二〇世紀半ば頃には一万五〇〇〇人から一万八〇〇〇人の仏教僧がスリランカにいたとされるが、そのほとんどが三つの主要なニカーヤに属していた。最古で最大のニカーヤはシャム・ニカーヤと呼ばれるもので、このニカーヤの寺院はシンハラ王からの寄進による広大な土地を保有していた。仏教僧のなかの一万二〇〇〇人ほどがこのニカーヤに属していた。またこのニカーヤにおいては伝統的に中央高地の勢力、特にキャンディの仏教僧が支配的であった。[16] このニカーヤは、得度、つまり出家して僧になる許可を一七五三年にゴイガマ・カースト以外の者に与えたのを最後に、その後非ゴイガマへの得度を拒否し、今日までその制限を維持し続けている。[17]

こうしたカーストによる得度の制限に対抗して生まれたのがアマラプラ・ニカーヤである。

このニカーヤは、一七九九年にサラーガマ・カーストの一人の僧が五人の見習い僧と三人の在家信者を連れてビルマの当時の首都アマラプラに到着し、国王に迎えられ、得度を受けたことに始まる。その後一八〇七年に他のカーストの者も同様に得度を受け、これらのグループが一致協力してアマラプラ・ニカーヤを結成した。アマラプラ・ニカーヤはカラーワ、サラーガマ、ドゥラーワに開かれたニカーヤであり、仏教僧の約二割が所属していた。第三のラーマンニャ・ニカーヤは近年になってより厳格な規律を求める人々がシャム・ニカーヤから分派してつくったものである(18)。このようにスリランカの仏教の宗派とカーストにはかなりの程度の関係があるが、仏教委員会に参加した仏教僧は複数のニカーヤに属しており、したがって明らかにカーストも複数であった。

在家信者の委員もさまざまなカーストに属していた。ウィジェーワルダナ(D. C. Wijewardena)は有名な報道機関であるレイク・ハウスにつながる家系の出身であり、明らかにゴイガマである。エッラポラ(T. B. Ellapola)は旧キャンディ王国の貴族の家系出身であり、彼が高位のカーストに属していることはほぼ間違いない。しかしこの委員会においてはカラーワの知識人の活動がかなり目立ったことも確かである。シンハラ仏教ナショナリズムのイデオローグとしてよく知られたL・H・メッターナンダと第二章で言及したP・ダ・S・クララトネはカラーワであった。また後述するように、N・Q・ダヤスは公的にはこの委員会には属していないが、その活動を陰で支えた。彼は委員会の重要な活動の一つである全国調査に関わる旅程の手配などを行ったし、調査報告書の出版がおそらく財政的理由から困難になったときにその手はずを整えた。[19]

ところで、この報告書作成に大きな影響を与えた人物としてG・P・マララセーカラ（Gunapala Piyasena Malalasekera）をあげることができる。彼は一九三九年から一九五七年まで二〇年間近く全セイロン仏教徒会議の総裁を務めた人物であり、仏教委員会での彼の影響力は間違いなく大きかった。すでにみたように、この委員会の設立には全セイロン仏教徒会議が大きく関わった。またこの委員会の報告書の英語版は彼の手によるものだとも考えられていた。[20] ちなみにこの報告書を出版したのは後述のダルマ・ヴィジャヤ・プレスという出版所であり、これはN・Q・ダヤスらによってつくられたものである。

マララセーカラの出身カーストはゴイガマであるともいわれるが、間違いなくカラーワ・エリートたちの強い影響下にあった。マララセーカラはパーナドゥラ郊外のマーラムッラ（Malamulla）に一八九九年一一月八日に生まれた。父親は成功したアーユルヴェーダ医であった。彼の才能に目をつけたのが、前述のW・A・ダ・シルワとP・ダ・S・クララトネであった。[21] 両者ともカラーワである。当時クララトネはアーナンダ・カレッジの校長で、ダ・シルワはその教育機関の総監督者（general manager）であった。彼らは才能のある人物を探すなかで、若きマララセーカラに白羽の矢を立てたのである。マララセーカラはこうして一九二一年からアーナンダ・カレッジで働き始めた。この仏教徒学校のさらなる拡張を支援するため、マララセーカラはその後募金のために国中を回ったのであるが、そのとき彼を支援したのがアーサー・V・ダヤス（パーナドゥラ出身のカラーワの著名な慈善家でN・Q・ダヤスの血縁者であるといわれる）であった[22]。

その後W・A・ダ・シルワはマララセーカラをロンドンへと留学させた。彼は東洋研究学院（School of Oriental Studies）で一九二三年から一九二六年まで学んだ[23]。帰国後ダ・シルワはマララセーカラのためにナーランダ・カレッジをつくり、彼はその校長となった[24]。この頃までに彼はクララトネの影響でナショナリズムに目覚め、ジョージ・ペレーラーという名を称することをやめ、G・P・マララセーカラと名乗るようになり、その名をその後使い続けることになった。マララセーカラは一九三九年にはコロンボのユニヴァーシティ・カレッジに奉職し、一九四二年にセイロン大学が創設されると、パーリ語仏教文明の教授、そして東洋学部の学部長に任命された[25]。彼はまた全セイロン仏教徒会議に積極的に関わり、すでにみたように二〇年近くその総裁を務めた。こうして代表的なカラーワ・エリートたちの影響を受けながらマララセーカラは仏教復興のための活動を行った。仏教委員会は複数のカーストで構成されていたが、同時にカラーワの影響が目立つ組織ではあった。

仏教委員会は、その活動の成果として一九五六年初頭に報告書を出版した。その内容は、スリランカの仏教が危機にあることを示し、政府による仏教保護の重要性を訴えるものであった。この報告書はスリランカにおける仏教の歴史をふり返り、偉大な王たちの時代以降、特にポルトガル、オランダ、イギリスと続いた植民地支配によって仏教が衰退し続けてきたことを明らかにしようとした。そしてその対処法として、仏教徒評議会（Buddha Sasana Council）の設立とキリスト教ミッションの学校を含むすべての学校の国有化を提言した。

この仏教委員会の報告書の基底に明確に存在するのは、キリスト教ミッションへの敵意とその学校制度のもつ影響力への批判である。報告書によれば、植民地下ではキリスト教ミッションの学校に多額の助成がなされた。逆に植民地政府は仏教寺院に付随していた学校には全く関心を示さなかった。それればかりでなく、政府は仏教と教育との間にあった伝統的なつながりを破壊するよう努めた[26]。その結果、ミッションの学校が支配的となり、多くのキリスト教徒が高い教育を受けることになった。仏教徒の生徒もミッションの学校に通うことになったが、改宗の危険を常に伴うものであった。イギリス時代に仏教が冷遇され、仏教僧が教育から排除された問題について、報告書はたとえば次のように記している。

若者の道徳的および知的福利の守護という太古からの仕事から仏教僧たちを追放するよう意図された規制が作成され、仏教僧たちは敬意を払うべきものでも、教育的事項において注目すべきものでもない余計な者であるとして扱われた。ポーヤ日が休日ではなくなったから、自らの宗教も仏教僧も知らず、仏法（Dhamma）の儀式や儀礼をさげすむ人々、ただ名目だけの仏教徒である人々という階層がこの国において急速に拡大した[27]。

さらに報告書は、仏教徒による教育を進めようとする動きはキリスト教徒やその影響を受けた政府からの妨害にもあってきたとも主張している。そして仏教の冷遇は独立後も政策として続いている、たとえば一九四七年の教育法には宗教学校の設立許可の際には建設地の住民の宗教への配慮が必要だという条項があったが、それは一九五一年に廃止されてしまったと報告書は記した。その結果、「どこでもいつでも好きなようにキリスト教徒たちは簡単に学校を設立できるようになった」[28]。逆に、「仏教徒の子どもたちがその宗教を危うくすることなくより高い教育を受けられる学校の数は痛ましいほど不足している」。その上、カトリックの学校では「反仏教的理念」が教え込まれており、仏教徒たちはこうしたことへの対抗手段をもたない。そのため十分な割合の仏教徒の子どもたちが大学教育を受けられていない。大学の職員もおおむね非仏教徒によって構成されている。また「有利な職務の大多数は非仏教徒によって占められている」。そしてそれゆえ、「一九五八年一月一日までにはすべての助成校は国有化されるべきである」という主張になるのであった[29]。

この報告書はこうして、キリスト教徒による教育によって仏教徒の子どもたちが仏教的な教育を受ける機会が奪われたり、改宗の危険にさらされたりするという懸念を表明すると同時に、多くの仏教徒がそうした問題を避けようとするために十分な教育を受けられず、そのため彼らが世俗的な意味でも不利な立場にあると主張しているのである。いずれにしても、仏教が衰退しており、仏教徒が不利益を被っているという明確な主張が仏教徒たちを組織化し、動員するに際しての強力な理論的根拠となったことは間違いない。特に仏教僧たちに対しては、彼らの伝統的な役割がないがしろにされ、そのために仏教が衰退しているという指摘は彼らの政治的意識を高めるというプロパガンダ的な効果を明らかにもった。後述するように、実際仏教僧たちの多くはこの報告書を持ち歩いて選挙運動を行った。またこの報告書のシンハラ語版は一九五六年の総選挙中に非常に広範に配布された[30]。

3 N・Q・ダヤスと政治変革

ところで、先にもみたように、仏教委員会が行った調査の旅程は一万キロほどにおよぶ長大なものであった。この調査は三七か所で行われ、それらの調査地では一八〇〇人の在家信者と七〇〇人の仏教僧が証言した。それぞれの調査の前には伝統的な儀式が催され、集会が開かれた[31]。このように仏教委員会の調査旅行は綿密な計画の上につくられた一大イベントであり、それ自体がある種の政治的活動になっていた。この旅の手配などは各地の仏教徒組織を中心に行われたのであるが、この組織の設立にはN・Q・ダヤスが関与していた。またダヤスは資金面においてもかなりの貢献をした[32]。

N・Q・ダヤス（Neil Quintus Dias）はパーナドゥラの富裕な一族に生まれた。生年は必ずしも明らかではないが、一九六四年頃のイギリス政府の報告書では五一歳であるとされているから、おそらく一九一〇年代前半の生まれである。彼はキャンディのトリニティ・カレッジというエリート校で学んだ後にイギリスに留学した。留学中の一九三五年にセイロン高等文官（Ceylon Civil Service）の試験に合格し、スリランカに戻った。採用されたのは一九三六年である。かつてはこの職種にはイギリス人のみが採用されたが、一九三〇年からはセイロン人にも門戸が開かれるようになっていた。イギリスからの応募を念頭につくられた職種であったため、その給与水準はきわめて高かった[33]。

ダヤスは一九五一年にラトナプラの政府長官となり、一九五三年に登録局長官（Registrar-General）に、その後一九五四年には入国移民管理官（Controller of Immigration）となった。一九五六年の選挙後には初代の文化局長（Director of Cultural Affairs）に任命された。シリマーウォー・バンダーラナーヤカ首相時代の一九六一年五月には何人かのより上位の官吏を飛び越えて、国防外交常任長官（Permanent Secretary, Ministry of Defense and External Affairs）となった。こうして彼はさらに深く政権の中枢に入り込み、行政職の「仏教徒化」

表２　N. Q. ダヤス略歴

1936年	セイロン高等文官（Ceylon Civil Service）に採用
1951年	ラトナプラの政府長官（Government Agent）
1953年	登録局長官
1956年	初代文化局長
1959年	文化社会事業省常任長官代理
1961年	国防外交常任長官（1965年まで）
1970年	インド駐在セイロン高等弁務官（1972年まで）

（出所）　Note on a talk, 20 July 1964, DO 196/322, National Archives, London; High Commission of Sri Lanka in India, 2011. https://web.archive.org/web/20110728031528/ http://www.slhcindia.org/the-high-commissioner（2018年10月19日にアクセス）。

を進めることになる。また彼は「おびただしい数の」仏教徒団体の代表をも務め、明らかにその力をも背景として首相や閣僚などに対して大きな影響力をもった[34]。ダヤスはシンハラ仏教ナショナリズムに強く傾倒していたことでもよく知られていた。イギリス政府公文書には彼についての次のような記述がある。「彼はクラシック音楽を好むが、他の西洋的趣味は放棄した。そして仏教哲学とシンハラ人の歴史への彼の初期の関心はほとんど狂信的マニアの状況へと展開したため、彼は偏狭な戦闘的仏教シンハラ・ナショナリストとなった[35]」。

ダヤスがその政治的影響力をおそらく最も強めたのは、第五章でみるように、一九六〇年代前半であった。しかし彼が仏教徒の組織化に向けて本格的に動き出し、そうすることで政治に関与し始めたのは一九五二年頃であった。当時ダヤスはラトナプラの政府長官であった。カトリック教徒たちが政府内で確固とした地位を築いており、かつカトリック教会を中心によく組織化されていることに彼は注目し、仏教徒もまた同様に組織化され、仏教徒の利害を政府に反映させる効果的な手段がつくられるべきだと考えた。こうしてダヤスはまず政府内における仏教徒公務員の協会をつくり、後援者となった。さらに彼は全国的な仏教徒の組織化に乗り出した[36]。

N・Q・ダヤスは、当時きわめて畏敬され、人気を得ていた仏教僧グナーナシハー（Henpitigedera Gnanasiha）と親密になり、この仕事をともに行った。グナーナシハーはラーマンニャ・ニカーヤに属し、主にラトナプラ地域で活動していた。ドゥトゥギャムヌ王の生涯についての著書などがあることでも知られている。農村の貧困層の現状を憂慮し、「反帝国主義闘争」においても主導的立場にあったとされる。彼はまた、ラトナプラ地域などでの「カースト的抑圧」をも問題視し、その地の貴族的カーストであるラダラの支持者たちと対立していた。さらに教育にも力を入れ、ラトナプラに学校や仏教僧の訓練センターをつくった。こうした活動を行っていたグナーナシハーとともにダヤスが仕事を始めたのは、ダヤスがラトナプラの政府長官であった一九五三年のことであった。ダヤスには「公的な地位と財力」があり、グナーナシハーには「個人的な人気」があるといわれた[37]。

彼らはまずサバラガムワ地域の事実上すべての村に仏教徒協会（Baudha Sasana Samiti）をつくった。同種の組織はすぐに全国に広がり、その数は三五〇〇以上にもなった。さらにこうした組織間の連携を図り、また協会の形成されていない地域での活動を促すために、ダルマ・ヴィジャヤ・プレスという出版所をつくり、『ダルマ・ヴィジャヤ』という週刊紙を出版した[38]。

こうして在家信者の組織をつくりあげた後、N・Q・ダヤスはL・H・メッターナンダとともに仏教僧たちの協会のネットワークをつくることに尽力した。後述するように、この仏教僧の組織はシンハラ・オンリー政策の採択を求めた勢力の一つであり、かつバンダーラナーヤカの勝利をもたらした最も重要な勢力の一つとなった。ダヤスは一九五四年までには登録局長官（Registrar-General）としてコロンボに戻っていたのだが、このときまでには彼とメッターナンダとダヤスとの間にはかなり密接な協力関係ができあがっていたとされている[39]。メッターナンダとダヤスの関係は必ずしも明らかではないのであるが、きわめて過激な発言を繰り返したメッターナンダを、ダヤスは政府内での影響力や財力によって支え、あるいは操っていたとみることもできるかもしれない。イギリス政府公文書は、メッターナンダはダヤスの「表看板」(front man) であると記している[40]。

L・H・メッターナンダはシンハラ仏教ナショナリズムのイデオローグとしてさまざまな活動を行った人物である。彼はたとえば後にＢＪＢ (Bauddha Jatika Balavegaya, 仏教徒国民軍) という組織を中心に行政の「仏教徒化」を推進した。イギリス政府公文書によれば、メッターナンダはこの組織を運営した「狂信的な在家信者」のなかでも最も悪名高いとされた人物であった。ちなみにＮ・Ｑ・ダヤスはＢＪＢの役員ではなかったが、精神的支柱の一人であるとされた[41]。別のイギリス政府公文書は、メッターナンダを「ウルトラナショナリズム的宗教的外国人嫌いの狂信的な過激論者」の典型であるとしている[42]。バンダーラナーヤカと密接な関係にあった著名な仏教僧ブッダラッキタもまた新聞紙上で「極端に過激なナショナリスト」という評判がメッターナンダにはあると記した[43]。

メッターナンダはもともとは教師であった。二〇年以上の間、アーナンダ・カレッジとダルマラージャ・カレッジでラテン語を教えた後に、アーナンダの校長となった。彼が戦闘的なイデオローグとして活動し始めたのはアーナンダ退職後のことであった。彼はＮ・Ｑ・ダヤスらとともに在家信者の仏教ナショナリスト勢力を結びつけ、ネットワークをつくっていった[44]。彼らは仏教僧の組織化にも尽力した。メッターナンダ自身の言葉によれば、一九五三年にはスリランカ各地でサンガ・サバ（Sangha Sabha, 仏教僧協会）という組織がつくられていた。この組織の設立を促したのが「政府および地方行政府公務員仏教徒協会」（Government and Local Government Servants Buddhist Societies）という組織であったが、この公務員組織の議長はN・Q・ダヤスであった。設立された仏教僧協会の数は一九五四年までには七二になった。次にメッターナンダが行ったことは、各地の協会を統合する組織をつくることであった。それが、スリランカ大仏教僧協会（Sri Lanka Maha Sangha Sabha）である。この組織の綱領は一九五四年一二月四日にアーナンダ・カレッジで行われた総会で承認された。この協会はちょうどこの頃形成され始めていたもう一つの仏教僧組織と合同して統一比丘戦線（Eksath Bhikkhu Peramuna, ＥＢＰ）を一九五六年二月に結成した。この統一比丘戦線は七五の地域団体をとりまとめるものとなり、一九五六年の政治変革をもたらしたきわめて重要な組織となった。(45)

統一比丘戦線を構成したもう一つの仏教僧組織は全ランカ比丘会議（Samasth Lanka Bhikkhu Sammelanaya, ＳＬＢＳ）というものであった。その有力な指導者の一人が前述のブッダラッキタ（Mapitigama Buddharakkhita Tero）という仏教僧である。ブッダラッキタは一九二一年に生まれ、一五歳のときに出家し、その後有名なケラニヤ寺院の住職（chief priest）になった。また政治にも深く関わり、一九五一年にはバンダーラナーヤカのスリランカ自由党の創立メンバー兼パトロンとなった。ブッダラッキタは、次章で検証するように、バンダーラナーヤカ政権誕生後も政権内で大きな影響力をもち、さらには一九五九年に首相暗殺に関わったとして有罪判決を受けた人物でもある[46]。

ところで、リギンズによれば、こうした仏教徒の権益拡大はさまざまな人々によって推進された。そのうちの一つは、中流、あるいは中流上層の公務員、教師、法律家であり、そのなかの「幾人かは富裕であり、その大部分は彼ら自身きわめて西洋化されていた」。そしてこうした人々のなかでもカラーワ・カースト出身者が最も活動的であった。また大半の仏教僧はアマラプラ・ニカーヤとラーマンニャ・ニカーヤに属していた[47]。先にみたように、スリランカでは仏教僧のニカーヤとカーストとの間には密接な関係があるので、この組織に加わり政治的な活動を行った多くの仏教僧は明らかに非ゴイガマ・カースト出身であった。ただ、シャム・ニカーヤに属するゴイガマの仏教僧たちのなかにも政治活動を行った人々があったことも事実である。すでにみたように、仏教僧内にはカーストによる対立はあったが、シャム・ニカーヤに属するゴイガマの僧たちのなかでは高地と低地の仏教僧の間に地位を巡る反目があった。統一比丘戦線のなかで支配的であったのは低地の僧たちであった[48]。高地のマルワッテ支派とアスギリヤ支派においてはゴイガマのなかでも地位が高いとされるラダラの影響力が強く、多くの低地のシャム・ニカーヤの仏教僧たちはそれを不満としていたのである[49]。

4　一九五六年の選挙とシンハラ・オンリー政策

このように一九五〇年代前半には仏教と政治が深く結びつき、仏教僧や在家信者たちの間での組織化が進んだ。ただすでにみたように、当時注目された「コミュナリズム」はムスリムやキリスト教徒といった宗教的コミュニティを標的にしたものと「インド人問題」に対するものであった。マジョリティであるシンハラ人仏教徒の側からセイロン・タミル人を激しく批判するような動きは一九五〇年代半ばになるまでは明確には現れなかった。逆に、自国語運動(Swabasha movement)においてはシンハラ語とタミル語の二言語をともに公用語化すべきであるという見方がかなりあった。少なくとも一九五〇年代初頭にはそう主張する人々は多かった(50)。

後にシンハラ・オンリーを激しく主張することになるS・W・R・D・バンダーラナーヤカ自身もまたタミル語をも公用語にすべきであると述べていた。たとえば、一九四四年にJ・R・ジャヤワルダナによってシンハラ語を公用語とするという動議が国家評議会に提出されたとき、バンダーラナーヤカはそれに反対した。一九五二年の選挙運動中においてもバンダーラナーヤカのスリランカ自由党は他の政党と同様に二言語の公用語化を主張した。一九五四年四月にさえ、「シンハラ・オンリー」を明確に否定している。しかし一九五五年になるまでにはバンダーラナーヤカは言語問題は「生死をかけた闘いだ」とまでいうようになっていた。彼のスリランカ自由党は一九五五年一二月にシンハラ・オンリー政策を公式に採択した。[51]

言語政策に関するバンダーラナーヤカの急激な態度の変化の背景にあったおそらく最大の要因は、シンハラ・オンリーを求める人々による大衆への強力な働きかけであった。L・H・メッターナンダもそうした人々の一人であった。彼はそのころランカ国民活動家フォーラム（Lanka Jatika Bala Mandalaya）という組織の総書記であり、シンハラ語を唯一の公用語とするよう政府に圧力をかけていた。[52] 実際メッターナンダはシンハラ語公用語化運動の指導的支援者の一人であると考えられていた。[53]

一九五四年までにはシンハラ・オンリーを求める圧力が民衆の間で相当に高まりつつあった。シンハラ語教師、アーユルヴェーダ医、仏教僧たちが集会を開き、この政策を求め始めていた。[54] 一九五四年九月にはシンハラ民族協会（Sinhala Jatika Sangamaya）という団体がシンハラ語を唯一の公用語にすることを求める署名活動を行った。[55] こうして一九五五年初め頃にはシンハラ・オンリーを求める声が大きな勢いをつけ、シンハラ語地域の各所でほとんど毎日この政策実現を求める集会が開かれるようになっていた。[56] 一九五五年九月一〇日には仏教僧も参加する集会が開かれ、シンハラ語を唯一の公用語とすることを求める決議がなされた。[57] この運動の急速な全国的展開が自然発生的なものであったのか、あるいは何らかの組織的関与による計画的なものであったのかは必ずしも明らかではない。しかしダヤスがメッターナンダらとつくり上げた前述の仏教徒組織のネットワークがこの運動をかなりの程度推進したことは間違いないであろう。

一九五五年末に近づくにつれ、政治的比丘（political bhikkhu）と呼ばれる仏教僧たちの活動がますます盛んになった。[58] 仏教僧たちは公用語政策を訴えるとき最も活動的であったといわれる。彼らの多くは、タミル語を公用語化すればシンハラ語は消滅すると訴えた。仏教僧たちは一九五五年一〇月には共産党や新ランカ平等社会党（ＮＬＳＳＰ）のデモ行進を襲撃し、暴動を起こしたが、このときの重要な論点は公用語問題であった。共産党やＮＬＳＳＰなどの左翼勢力はこの選挙においてはパリティ、つまりタミル語を同等に扱うことを主張していたのである。[59] この運動が激しさを増すなかで、シンハラ語地域での主要な論点は、シンハラ・オンリーの是非そのものではなく、誰が最もこの問題に熱意があり、実現能力があるかという問題に移っていった。[60] タミル語が公用語になれば五〇パーセントの政府の仕事はタミル人に行く、国中のあらゆるところでシンハラ人医師一人につきタミル人医師一人となる、といったデマを飛ばす者たちも現れた。また、言語の問題はシンハラ民族やシンハラ人の言語や文化の生き残りの問題であり、「両言語の採用が認められればシンハラ民族は破滅する可能性がある」などとも訴えられた。[61]

仏教僧たちが選挙運動を行うことはそれまではほとんどなかった。この選挙の次の一九六〇年の選挙においても仏教僧たちは活動しなかった。彼らの活動の大半は自発的なものではなく明らかに前述の統一比丘戦線からの指示によるものだった。この組織は「シンハラ人地域全域」

に支部をもつものであり、その動員力はきわめて大きなものであった。バンダーラナーヤカは彼への支持とひきかえにこの組織の綱領を是認していた[62]。

統一比丘戦線に属する仏教僧たちの主張は次のようなものだった。統一国民党は西洋化された金持ちの政党であり、その政策はタミル人やキリスト教徒や他の宗教的マイノリティに手ぬるすぎる。特にカトリック教徒は政府の重要な部局のほとんどや商業、あるいは司法に徐々に入り込んでいる。その一方で仏教徒たちはその「生得権」(birthright)から閉め出されている。仏教僧たちはこうしたことを特に農村地域の貧しい村人たちに訴えた。統一国民党は仏教僧たちからの批判に対して、この年の五月に予定されている二五〇〇回目のブッダ入滅を記念するブッダ・ジャヤンティ(Buddha Jayanti)に多額の出費をなしたと訴えた。また、バンダーラナーヤカはもともとはキリスト教徒であったこと、彼はマルクス主義政党の道具であることなどを訴え、彼の本当の目的は仏教を根絶することであると主張した。しかしこうした統一国民党のバンダーラナーヤカ批判はほとんど効果はなかった。逆にブッダ・ジャヤンティによって仏教徒の政治意識は非常に高まっていた。この宗教意識の高まりはバンダーラナーヤカの選挙活動を明らかに有利にした[63]。

仏教僧たちは統一比丘戦線を中心に活動した。彼らはまた在家信者の団体である青年仏教徒協会(Young Men's Buddhist Association)、アーユルヴェーダ協会(Ayurveda Sangamaya)、言語戦線(Bhasa Peramuna)、ランカ国民グル協会(Lanka Jatika Guru Sangamaya)などとも手を取りながら選挙戦に参加した[64]。一九五六年の選挙には莫大な数の仏教僧たちが動員された。彼らは一軒一軒回って彼らの政策を訴えたが、その際仏教僧たちが用いたのは前述の仏教委員会の報告書や「仏教の敵たち」といったパンフレットであった。彼らはそのとき、米への助成金の廃止といった経済的な問題をも扱ったが、もちろん宗教的な問題をも熱心に訴えた。仏教僧たちは一般の人々の宗教や文化がいかに統一国民党によって無視されてきたかを伝え、「統一国民党への投票はカトリックへの投票、人民統一戦線への投票は仏教徒への投票」などと訴えた[65]。この動員に際して重要な役割を果たした一人がメッターナンダであった。当時のあるジャーナリストは次のように記している。「彼は何千という仏教僧を組織化し、一軒一軒歩いて仏教委員会報告の抜粋を読み、統一国民党を糾弾するようにさせた。彼は国中で旋風のような運動を巻き起こし、仏教徒の胸に希望を復活させ、仏教徒が被った不正を正すために生まれた新しい英雄であるとしてバンダーラナーヤカを描いた[66]」。また、カトリック教会が統一国民党に一〇〇万ルピーを選挙のために献金したという情報が選挙運動中に流され、これはバンダーラナーヤカの陣営を有利にした[67]。

セイロン下院は一九五六年二月一八日に解散した。その数日後に人民統一戦線（Mahajana Eksath Peramuna, ＭＥＰ）が結成された。これはバンダーラナーヤカのスリランカ自由党を中心に、フィリップ・グナワルダナの革命的ランカ平等社会党（Viplavakari Lanka Sama Samaja Party, ＶＬＳＳＰ）、言語戦線（Bhasha Peramuna）、そして他の無所属一グループによって創設されたものである。その後の選挙で人民統一戦線は歴史的な勝利を収め、九五議席中五一議席を獲得した。統一国民党は選挙直前の五二議席から八議席へと一挙に議席を減らした。こうしてバンダーラナーヤカは首相に指名されたのであるが、彼らが訴えたシンハラ・オンリー政策はシンハラ・タミル間の関係を決定的に悪化させる原因の一つとなった。(68)

5 おわりに

一九三一年のドノモア憲法による普通選挙の導入は民衆への直接的影響力を強くもつ仏教僧たちの政治的立場を明らかに強めた。そしてそれは「政治的比丘」と呼ばれる人々の出現の原因の一つとなった。しかしその活動は散発的であり、十分に組織化されてもいなかった。その後も仏教僧の団体が設立されたが、影響は概して都市部に限られた。(69) 仏教僧たちは潜在的には強力な政治的影響力をもつ存在であったが、その力を引き出すには誰かが彼らを組織化しなければならなかった。そしてそれを行ったきわめて重要な人物の一人がN・Q・ダヤスであった。

パーナドゥラの富豪でありエリート行政官であったダヤスは、カトリック教徒が比較的高い教育を受け、多くの要職を占めていること、そしてカトリック教会を中心に彼らが組織化されていることにその政治的影響力の一因があることに注目し、同様に仏教徒も組織化されるべきであると考えた。彼はその影響力と資金力を用いて、まず公務員のなかに仏教徒団体をつくった。その後彼はスリランカ各地に在家信者の組織を、そしてその組織を通じて仏教僧の団体をつくっていった。これらの各地の仏教僧の団体はその後統合され、スリランカ大仏教僧協会という全国的な組織が設立された。さらにこの協会は当時設立された別の仏教僧団体である全ランカ比丘会議と統合され、統一比丘戦線が設立された。そしてこの組織がバンダーラナーヤカの勝利に大きく貢献したのである。このことは当時からよく知られていた。たとえばコロンボの日本国大使館は、統一比丘戦線（Eksath Bhikkhu Peramuna）が「一万二千名の僧侶を動員して戸別訪問を行わしめＵＮＰ政府失脚に主導的役割を演じたることは再三報告の通りである」と本国に伝えた(70)。

この仏教僧の動員に際して大きな力をもったのが仏教委員会の活動であったが、これにもダヤスは関わった。彼はこの委員会の正式の委員ではなかったが、明らかにこの委員会の舞台裏を資金面や組織面において積極的に支えた。ダヤスがこの重要な選挙において果たした重要な役割は明らかに当時の多くの人々に認識されていた。イギリスの公文書には、ダヤスは一九五〇年代初めに戦闘的な政治的組織のネットワークをつくり、バンダーラナーヤカの勝利に「傑出した役割（prominent part）」を果たしたとある(71)。

つまり一九五〇年代前半にはシンハラ仏教ナショナリズムが相当程度高められ、統一比丘戦線を代表とするいくつかの組織ができあがったが、この動きを組織化し、より影響力のある政治勢力として提示する役割の大きな部分を担ったのはダヤスであり、ダヤスときわめて密接な関係にあったメッターナンダ、あるいは仏教委員会の一員でもあるクララトネといったカラーワの活動家たちであった。もちろん一九五〇年代における仏教僧たちの政治意識の高まりや、在家信者たちへのシンハラ仏教ナショナリズムの浸透が彼らだけの力によるものではないことは明らかである。特に一九三〇年代以降、シンハラ人仏教徒としてのアイデンティティと政治はますます密接につながりつつあった。しかしダヤスたちがきわめて精力的にその流れを組織化し、また促進したこと、そして彼らがそうすることで一定の政治的影響力を確保しようとしたことは間違いないのではないだろうか。

ところで一九五六年の政治変革以降、N・Q・ダヤスやL・H・メッターナンダはますますその政治的関与の度合いを高めていったようにみえる。それはシンハラ人仏教徒の地位をより確固としたものにしたが、他方でタミル人やその他のマイノリティ集団をますます周縁化する結果となった。次章以降においては一九五六年以後の政治状況にこのカラーワのエリートたちがどのように関わっていったかを明らかにしたい。

【注】

（1） Governor to Secretary of State, 8 May 1936, CO 882/15, National Archives, London.

（2） Memorial to Malcolm MacDonald, 8 June 1935, CO 882/15, National Archives, London.

（3） Memorial to Ormsby-Gore, Secretary of State for the Colonies, c. May 1938, CO882/21, National Archives, London.

(4) Memorial to Malcolm MacDonald.

(5) Memorial to Malcolm MacDonald. エラーラは紀元前二世紀頃にスリランカ北部を支配した王である。

(6) Memorial to Sir Philip Cunliffe-Lister, 1 July 1935, CO 882/15, National Archives, London.

(7) Nira Wickramasinghe, *Ethnic Politics in Colonial Sri Lanka* (New Delhi: Vikas Publishing House, 1995), pp. 185–87.

(8) The European Association of Ceylon, Memorandum on Constitutional Reform, 7 November 1945, Annexture 'A', CO 54/986/8, National Archives, London.

(9) Communalism in Ceylon, May 1955, DO35/5362, National Archives, London; Stanley Jeyaraja Tambiah, *Buddhism Betrayed?: Religion, Politics, and Violence in Sri Lanka* (Chicago: University of Chicago Press, 1992), p. 48.

(10) Urmila Phadnis, *Religion and Politics in Sri Lanka* (Columbia, Mo: South Asia Books, 1976), pp. 158–70.

(11) Donald E. Smith, 'The Sinhalese Buddhist Revolution', in Donald E. Smith (ed.), *South Asian Politics and Religion* (Princeton: Princeton University Press, 1966), p. 460.

(12) High Commissioner to Secretary of State, 12 April 1960, Appendix I, Buddhism in Ceylon, DO 35/8910, National Archives, London.

(13) *The Betrayal of Buddhism*, Foreword.

(14) Smith, 'The Sinhalese Buddhist Revolution', p. 461.

(15) Tambiah, *Buddhism Betrayed?*, p. 30.

(16) W. H. Wriggins, *Ceylon: Dilemmas of a New Nation* (Princeton: Princeton University Press, 1960), p. 191.

(17) リチャード・F・ゴンブリッチ『インド・スリランカ上座仏教史―テーラワーダの社会―』森祖道、山川一成訳、春秋社、二〇〇五年、二七八頁。

(18) ゴンブリッチ『インド・スリランカ上座仏教史』二九二～二九三頁、Kitsiri Malalgoda, *Buddhism in Sinhalese Society, 1750–1900: A Study of Religious Revival and Change* (Berkeley: University of California Press, 1976), pp. 97–99; K. M. de Silva, *A History of Sri Lanka* (Chennai: Oxford University Press, 1999, 1st published 1981), p. 249; Wriggins, *Ceylon*, p. 192.

(19) The Resurgence of Buddhism, 23 February 1965, p. 4, DO 170/53, National Archives, London.

(20) Appendix 1, Buddhism in Ceylon, 12 April 1960, DO 35/8910, National Archives, London.

(21) W・A・ダ・シルワは仏教徒のカラーワである。一九二五年に中央州の補欠選挙において当選したこともあった。Michael Roberts, *Caste Conflict and Elite Formation, The Rise of the Karava Elite in Sri Lanka 1500–1931* (New Delhi: Navrang, 1995; 1st published, Cambridge: Cambridge University Press, 1982), p. 174.

(22) Nemsiri Mutukumara, *Tribute to Malalasekera: A Collection of Messages, Appreciations and Pen Portraits of Professor Gunapala Piyasena Malalasekera* (Colombo: Lake House, 1981), p. 107.

(23) O. H. de A. Wijesekera (ed.), *Malalasekera Commemoration Volume* (Colombo: Malalasekera Commemoration Volume Editorial Committee, 1976), p. vii.

(24) D. B. Dhanapala, *Among Those Present* (Colombo: M. D. Gunasena & Co., 1962), p. 122.

(25) Mutukumara, *Tribute to Malalasekera*, pp. 33, 34, 107, 143, 207; Tambiah, *Buddhism Betrayed?*, p. 32.

(26) *The Betrayal of Buddhism: An Abridged Version of the Report of the Buddhist Committee of Inquiry* (Balangoda: Dharmavijaya Press, I956), p. 46.

(27) Tambiah, *Buddhism Betrayed?*, pp. 36–37, 48, 49.

(28) *The Betrayal of Buddhism*, p. 67.

(29) *The Betrayal of Buddhism*, pp. 69, 78, 94–95, 97. 第五章で見るように、学校の国有化が実現したのは一九六〇年である。

(30) *Parliamentary Debates, Sanate*, Vol. 10, col. 721, 6 July 1956.

(31) I. D. S. Weerawardana, *Ceylon General Election, 1956* (Colombo: M. D. Gunasena & Co., 1960), p. 110.

(32) Phadnis, *Religion and Politics in Sri Lanka*, p. 178.

(33) Weerawardana, *Ceylon General Election*, p. 4. セイロン高等文官は全国でわずか一二〇人の人員というエリート集団であった（インタヴュー、二〇一二年四月一六日、ロンドン）。

(34) Note on a talk, 20 July 1964, DO 196/322, National Archives, London.

(35) Note on a talk, 20 July 1964, DO 196/322, National Archives, London.

(36) Phadnis, *Religion and Politics in Sri Lanka*, p. 175.

(37) Ananda Meegama, *Philip Gunawardena and the 1956 Revolution in Sri Lanka* (Colombo: Godage International Publishers, 2008), p. 89; Phadnis, *Religion and Politics in Sri Lanka*, pp. 175–76. この仏教僧については第五章においても言及することになる。

(38) Phadnis, *Religion and Politics in Sri Lanka,* pp. 175–76.
(39) Phadnis, *Religion and Politics in Sri Lanka,* p. 177.
(40) Ceylon: Foreign Policy, 16 July 1964, OD 20/259, National Archives, London.
(41) Ceylon: The Resurgence of Buddhism, 23 Feb. 1965, DO 179/53, National Archives, London. ＢＪＢについては第五章でより詳細に検討したい。
(42) Ceylon: Foreign Policy, 16 July 1964, OD 20/259, National Archives, London.
(43) *Ceylon Daily News*, 7 September 1956.
(44) Dhanapala, *Among Those Present*, p. 136.
(45) *Ceylon Daily News*, 4 September 1956; Phadnis, *Religion and Politics in Sri Lanka,* pp. 177, 181.
(46) Smith, 'The Sinhalese Buddhist Revolution', pp. 490–91, 499.
(47) Wriggins, *Ceylon*, pp. 194, 198; Note on Buddhism, c. March 1957, DO 35/8902, National Archives, London.
(48) Phadnis, *Religion and Politics in Sri Lanka,* p. 201.
(49) James Jupp, *Sri Lanka: Third World Democracy* (London: Frank Cass, 1978), p. 44.
(50) Neil De Votta, *Blowback: Linguistic Nationalism, Institutional Decay, and Ethnic Conflict in Sri Lanka* (Stanford: Stanford University Press, 2004), p. 62.
(51) De Votta, *Blowback,* pp. 59, 62, 63.
(52) De Votta, *Blowback,* p. 55.
(53) Weerawardana, *Ceylon General Election,* p. 10.

(54) Wriggins, *Ceylon*, p. 252.

(55) Weerawardana, *Ceylon General Election*, p. 7.

(56) Weerawardana, *Ceylon General Election*, p. 12.

(57) Meegama, *Philip Gunawardena*, p. 87.

(58) Ceylon: General Election, 27 April 1956, p. 3, DO 35/8609, National Archives, London.

(59) Note on Buddhism, c. March 1957, DO 35/8902, National Archives, London; De Votta, *Blowback*, pp. 52–57.

(60) Weerawardana, *Ceylon General Election*, p. 14.

(61) *Parliamentary Debates, Sanate*, Vol. 10, col. 578–79, 5 July 1956.

(62) Ceylon: General Election, 27 April 1956, p. 3, DO 35/8609, National Archives, London; Phadnis, *Religion and Politics in Sri Lanka*, pp. 187–88.

(63) Ceylon: General Election, 27 April 1956, p. 3, DO 35/8609, National Archives, London; The Result of the General Election of Ceylon, DO 35/5192, 16 April 1956, National Archives, London.

(64) De Votta, *Blowback*, p. 64.

(65) Phadnis, *Religion and Politics in Sri Lanka*, p. 136.

(66) Dhanapala, *Among Those Present*, p. 134. ダーナパーラは当時のシンハラ語新聞の編集者であった。J. L. Fernando, *Three Prime Ministers of Ceylon: An 〝Inside Story〟* (Colombo: M. D. Gunasena & Co., 1963), p. 147.

(67) Smith, 'The Sinhalese Buddhist Revolution', p. 471.

(68) Smith, 'The Sinhalese Buddhist Revolution', p. 468; Ceylon: General Election, 27 April 1956,

p. 3, DO 35/8609, National Archives, London.

(69) Phadnis, *Religion and Politics in Sri Lanka*, p. 170.

(70)「仏僧統一戦線再結成に関し報告の件」第七五九号、昭和三一年九月一一日、結城司郎在セイロン大使館全権大使から重光葵外務大臣、A'３００、外交史料館。

(71) Mr. N. Q. Dias, From British High Commissioner, June 1964, DO 196/322, National Archives, London.

第4章　S・W・R・D・バンダーラナーヤカとシンハラ仏教ナショナリズム

前章で考察したように、一九五六年におけるS・W・R・D・バンダーラナーヤカの総選挙勝利に大きく貢献した要因の一つは、仏教僧および在家信者の団体の組織化であった。N・Q・ダヤス（Dias）とL・H・メッターナンダ（Mettananda）はこの点においてきわめて重要な活動を行った。しかしこのようにして成立した新政権は政権成立の功労者であった過激なナショナリストたちからは距離を置き、マイノリティへの配慮を伴う穏健な政策をとろうとした。本章ではN・Q・ダヤスとL・H・メッターナンダという二人のカラーワ・エリートの活動を中心に、一九五〇年代後半のバンダーラナーヤカ政権下における政治、宗教、ナショナリズムの展開をみていきたい。

1　新政権とナショナリズム

前章でみたように、一九五六年の総選挙が近づくにつれS・W・R・D・バンダーラナーヤカはそれまでの穏健派的態度を捨て、シンハラ仏教ナショナリズムを激しい言葉で煽った。シンハラ語の公用語化問題は「生死をかけた闘い」であり、タミル語に同等の地位を与えれば、シンハラ語は「二五年以内にセイロンから消え失せるだろう」と彼は主張した。タミル語にも配慮した政策をとろうとする与党統一国民党の指導者たちを「人種と言語に対する裏切り者」だと断じた(1)。彼はそうすることでシンハラ民衆や仏教僧団体からの強力な支持を獲得した。実際シンハラ・オンリーの訴えはきわめて強力な得票手段となった。そしてその効力は明らかに彼の予想以上のものであった。バンダーラナーヤカは、「この言語問題のような形で人々を興奮させるものを全く知らなかった」と述べた(2)。

しかし、シンハラ仏教ナショナリズムの扇動は彼の本意ではなかったようにもみえる。ジェームズ・マナーがいうように、バンダーラナーヤカは「心底からコミュナリストであることは決してなかった」のかもしれない。この選挙のわずか二年ほど前には、彼はシンハラ語のみの公用語化には反対しており、タミル語もまた公用語であるべきだと述べている。たとえ選挙時に民衆の民族的感情を煽ったとしても、政治的、経済的改革を進めることで人々の要望に対処することは可能だと彼は信じていたようにみえる。政権獲得後のバンダーラナーヤカが穏健派であろうとしたことはおそらく間違いない。ナショナリズムは彼にとっては単なる政治的な道具であったようにもみえる。そして明らかにそれを使いこなせると彼は考えていた(3)。

実際、政権獲得後のバンダーラナーヤカは、特に言語政策に関しては過激なシンハラ・ナショナリストの要求を極力排除しようとした。彼はタミル語話者たちとの会談に長い時間をかけた[4]。後述するように、彼はタミル人指導者セルワナーヤガムとの間で分権化に向けた協定を結んだ。ただ、いったん煽り立てられた民族感情をコントロールすることは明らかに困難であった。そのためには、イギリス人外交官が記しているように、彼自身がもっていたものよりも「さらに大きな決意と政治的手腕（statesmanship）」が必要だったのかもしれない[5]。

新政権成立直後に出された公用語法案をめぐるやりとりは、バンダーラナーヤカとナショナリストたちとの関係をよく表している。この法案は一九五六年六月五日に提出されたのであるが、その内容はそれ以前に新聞に漏れていた。それは基本的にはシンハラ語を唯一の公用語とするものであったが、マイノリティへの譲歩をも含むものであった。たとえば、英語とタミル語の話者もシンハラ語の知識が十分にあれば一九六七年までは母語で行政官試験を受けることができることや、地方政府は三分の二以上が賛成すればタミル語を使用できることが記されていた。こうした譲歩は過激なナショナリストたちにはとうてい受け入れることができないものであった。シンハラ至上主義的な言動を繰り返したことでよく知られるK・M・P・ラージャラトネは、「シンハラ人種」を滅亡させようとする陰謀に加担する一派であるとして首相を批判した[6]。セイロン大学の講師であり、またスリランカ自由党の創立メンバーでもあったF・R・ジャヤスーリヤは議会の構内で抗議の断食を行った。彼はまた、この法案が通れば、セイロンは六か月以内にインドのマドラス州の一部になると述べた。こうした抗議活動によって、選挙時の

マニフェストにすらあった「タミル語の適度な使用」という表現すらも削られることになった。(7)

過激なナショナリストたちからの圧力による法案の改変はタミル人たちによる「サティヤグラハ」という抗議行動とその後の反タミル暴動を招き、スリランカにおける民族的対立はますます深刻化していった。危機感を深めたタミル人たちは、法案提出の日とされた一九五六年六月五日にサティヤグラハを実行することにした。この日の朝にはスリランカ北部や東部から参加者が集まり、約二〇〇人がゴール・フェイス・グリーンと呼ばれる議事堂付近の広場に座り込んだ。彼らに対して、警察官が傍観するなかでシンハラ人暴徒たちが襲いかかった。国会議員であり、当時は閣僚でもあったK・M・P・ラージャラトネがこの暴徒たちのなかにいたとされている。バンダーラナーヤカ首相は暴徒たちに立ち去るように求めたが、効果はなかった。(8)

その後暴動はコロンボ市内の他地域へと広がった。多くのタミル人たちが襲われ、タミル人の商店は略奪の被害にあった。サティヤグラハは正午には中止されたが、暴動はその後二四時間続き、暴徒たちはコロンボのバザール地域のタミル人やムスリムの商店への略奪を行った。警察の介入によってコロンボ市内は六月七日には静かになった。しかしコロンボのでの出来事の噂がスリランカ北部や東部に広がり、その地においては多数派であったタミル人たちによってシンハラ人たちが襲われるという事態が起きた。(9) バッティカロアでは一万人のタミル人たちが抗議のデモを行ったが、そのとき警官の発砲によって少なくとも二人が死亡した。ジャフナではスナイパーによる警官への発砲があった。(10) いくつかの場所で対立が生じたが、最悪の事態はガル・オヤで起こった。ここはタミル人たちが「ホームランド」であると主張していた地域である。大規模なシンハラ人の植民によってすでに民族間の対立が高まっていた[11]。シンハラ人暴徒たちはこの地で二、三日の間タミル人への襲撃を続け、何十人、あるいは一〇〇人以上のタミル人を虐殺したといわれる[12]。

このようにシンハラ人とタミル人の対立はますます深刻なものになっていったのであるが、それでもバンダーラナーヤカは基本的に融和的な政治姿勢をとろうとした。こうした彼の態度に対して過激なナショナリストたちが好んで繰り返した主張は次のようなものであった。つまり、この政権の成立を促した決定的要因は仏教委員会と統一比丘戦線の活動であるから、首相は仏教徒に配慮した体制をつくるための手足とならなければならないというものである。実際、統一比丘戦線はさまざまな要求を行った。彼らはまず、与党議員全員に手紙を送り、議会の開会式におけるナショナル・ドレスの着用、仏教委員会の要請の実現、シンハラ語の公用語化、簡素な生活様式の採用、多数派の宗教として仏教を正当に位置づけることなどを要求した。彼らの要求には、共産主義政権へとつながりうるあらゆる施策を避けることも含まれていた[13]。もちろん仏教僧による選挙活動が一九五六年の勝利につながったことはバンダーラナーヤカ自身も認めていた。そのため選挙後に首相が最初に行った行為は、首相派の国会議員を引き連れてキャンディに行き、仏歯寺での祝福を受けることだった[14]。後述するように、文化省と二つの仏教大学を設立したことは彼の仏教への配慮を示す重要な施策であった。そして、その文化省

(Ministry of Cultural Affairs) の最初の局長に任命されたのが、N・Q・ダヤスであった。

2 N・Q・ダヤスとS・W・R・D・バンダーラナーヤカ政権

N・Q・ダヤスは、その活動の重要性にもかかわらず、今までほとんど注目されてこなかった。最近、自身もセイロン高等文官（Ceylon Civil Service）の一員であり、ダヤスを間近で知る立場にあったネヴィル・ジャヤウィーラが回顧録を出版した。このなかで彼はダヤスの活動についての貴重な紹介を行っている。たとえばダヤスの影響力がおそらく最も高まった一九六〇年代前半に、彼はタミル人の抵抗を徹底的に抑え込もうとする姿勢をみせていたこと、あるいは、将来のタミル人の武装抵抗を予測し、北部を取り囲むような形で軍事基地を建設しようとしたことなどを彼は指摘している。ただ、このような貴重な論考があり、またその他の著者によっても部分的に触れられてはいるものの、N・Q・ダヤスに関しては知られていないことが多い。彼に関する史料が十分に発掘されているとは言い難い。

ダヤスは、前章でもみたように、富裕なカラーワ・カーストの一族に生まれ、セイロン高等文官という上級行政官としてかなりの影響力をもった人物である。仏教僧の組織化を支援し、一九五六年の選挙におけるバンダーラナーヤカの勝利に大きく貢献した。(15) 実際、ダヤスの一九五六年の選挙時の活動は、同時代のさまざまな人々から注目されていた。在セイロン日本国大使館からの一九五六年九月の報告によれば、ダヤスは、「カーストは低きも財力に恵まれており」、かつてD・S・セーナーナーヤカ初代首相の死を予言した占い師から将来の首相となる資格があるという予言を受け、ラトナプラの「地方知事在職中佛教復興を種に勢力を扶植することを考え」、急進的で雄弁な若い仏教僧を集め、三台の自動車を購入し、仏教の復興を宣伝し、仏教団体を結成した。(16) この結城大使の報告にあるダヤスの野心に関しては、後にイギリスの外交官も、ダヤスには政治的野心があり、首相職もその視野に入っているという評判が立っていると伝えている。(17)

しかし、結城大使の報告によれば、こうしたN・Q・ダヤスの政治的活動、特にそのなかに反政府的傾向があることを知った当時の統一国民党政権は、彼を登録局長に転任させた。しかし、ダヤスはこれを逆に利用し、前章でもみたように、全国の登録局へと彼の影響力を拡大し、そのネットワークを通じて各地に仏教協会を設立した。そのため、ダヤスはさらに入国管理局長へと転任させられたのである。しかしその後も活動を続け、仏教僧の統一戦線、つまり前述の統一比丘戦線の結成を支えた。N・Q・ダヤスはこの点において、あるいは仏教委員会の報告書への支援において、バンダーラナーヤカの政権獲得に大きな役割を果たしたのである。セイロン高等文官であった前述のジャヤウィーラはその回顧録においてこうした点について次のように記している。「N・Q・ダヤスはイデオローグであり、EBP（統一比丘戦線）の駆動源であり、設計者であること、そしてS・W・R・D・バンダーラナーヤカ氏の一九五六年五月《ママ》の大勝利に向けて詳細な戦略を立てたのは彼であったことは当時広く知られていた」[18]。

バンダーラナーヤカは政権発足後ダヤスを文化局長に任命した。ただ、当初ダヤスにこの仕事を与えることに政府は乗り気ではなかったともいわれる。ダヤスを仏教とは無関係の役職に「祭り上げる」ことも考えられていたようである[19]。ダヤス自身が前述のジャヤウィーラに語ったところによると、首相はダヤスが望むいかなる公職をも与えると言った。通常は公務員が望む最高の職務は財務長官であったとされるが、ダヤスは文化省の役職、それも常任長官（Permanent Secretary）ではなく、局長（Director）を選んだ。ジャヤウィーラによれば、それは「バンダーラナーヤカの大勝による文化的利得を強固なものにする」ためであった[20]。こうしてダヤスはこの新設された組織において仏教復興に向けてのさまざまな取り組みに関わることになった[21]。

文化省はまず、二五〇〇回目のブッダ入滅を記念する事業であるブッダ・ジャヤンティ（Buddha Jayanti）[22]に関する活動を引き継いだ。また仏歯寺の改修、仏教事典の編纂と出版などを行った。キリスト教の日曜学校にあたる「ダンマ学校」に必要な本を無償配布した。さらには、全セイロン仏教徒会議（All Ceylon Buddhist Congress）が発行する月刊誌への出版助成を行い、他の仏教的な活動を財政支援した。仏教青年会（Young Men's Buddhist Association）にもかなりの額の助成金が毎年与えられた。さらにまた、寺院、僧院、仏教学校のような仏教的な施設にも建設資金が与えられ、ニューデリー、ロンドン、西ベルリンでの仏教宣教師の活動をも支援した[23]。

さらに文化省は全国の仏教寺院との組織的なつながりをつくることにも尽力した。その必要性は仏教委員会の報告書においても主張されていたことであった。報告書は、寺院や仏教僧間でのもめ事を解決するための地域サンガ評議会、そしてそれを統括するマハー・サンガ評議会の設立を勧告していた。こうしたなかで、文化省は、寺院仏教保護協会（Vihara Sasanarakshaka Society）という仏教僧と在家信者からなる組織を設立した。こうして、八八あった徴税区のそれぞれにこの協会の地方会議がつくられ、その下に全国に四〇〇〇あった寺院組織がつながることになった。そしてその頂点が文化省であった。協会設立の目的は、仏教寺院と在家信者との関係を改善することにあった。また仏教的教養の促進、日曜のダンマ学校の設立と改善、禁酒の促進、防犯などもその目標とされた。(24)

バンダーラナーヤカ政権が進めたもう一つの重要な仏教政策は教育省による二つの仏教大学設立だった。これは既存の仏教教育における高等教育機関であったウィディヨーダヤ僧院学校（Vidyodaya Pirivena）とウィディヤーランカーラ僧院学校（Vidyalankara Pirivena）を大学として認めるというものであった。前者は一八七三年に仏教復興運動の指導者としてよく知られたヒッカドゥエ・スリー・サマンガラ（Hikkaduwe Sri Sumangala）と在家信者たちによって設立されたものである。(25)

このように新政権はさまざまな仏教振興策を実施した。N・Q・ダヤスは文化省において一定の地位を与えられ、そのいくつかを推進した。全国の寺院を組織化することは、ダヤス自身の影響力をより高めることにつながったといえるかもしれない。ただ、この時期の彼の活動はあくまでも上級公務員として政権の意向を舞台裏で忠実に実行する実務家のそれに留まっていたようにみえる。彼の名は、バンダーラナーヤカの存命中はメディアや外交官の間では大きく注目されることはなかった。この時期、つまり一九五〇年代後半、ダヤスよりもはるかに注目されたのはメッターナンダであった。

3　メッターナンダの言論活動

N・Q・ダヤスとL・H・メッターナンダはどちらもカラーワ・カーストに属する。そして彼らはどちらもシンハラ仏教ナショナリズムに深く関与し、また、両者ともバンダーラナーヤカを勝利に導いた選挙戦において仏教僧を組織した主要な人物であった。また彼らは、仏教委員会の報告書作成にあたっても行動を共にしたし、後に公的部門などにおける仏教徒の地位向上や仏教の国教化を目指して活動を行うことになるBJB（Buddha Jatika Balavegaya, 仏教国民軍）においても共に活動した。つまり、ダヤスとメッターナンダはイデオロギー的に近かったのみならず、社会的、政治的実践においても協働したということである。両者の関係が実際にどのようなものであったかは必ずしも明らかではないが、ダヤスがその財力と影響力によってメッターナンダの言論活動を支えていたという可能性は十分にあると思われる。イギリスの政府文書には、メッターナンダはN・Q・ダヤスの「表看板（front man）」であるとも記されている。[26]

N・Q・ダヤスが新政権成立後文化局長として政府内において一定の役割を果たしたのに対して、メッターナンダは政府職には就かなかった。バンダーラナーヤカはメッターナンダに「大使の仕事」を与えることで彼が穏健化することを期待したのであるが、メッターナンダはそれを拒否したと、当時のジャーナリストであるダーナパーラは記している。[27] 逆に、メッターナンダが望んだのは教育大臣職であったが、それはバンダーラナーヤカによって拒否されたとする見方もあった。在セイロン日本国大使は、統一比丘戦線の「領袖の一人メタナンダが文相の地位を要求せるもバンダラナヤケに拒否」されたと記している。[28] またある仏教僧はメッターナンダへの公開書簡のなかで、彼の「復讐心に満ちた性向」は教育大臣職をバンダーラナーヤカから拒否されたためだと述べた。[29] この教育大臣職についての噂は、メッターナンダ自身は否定している。「裏口から内閣へ入ることに失敗した」という事実はないのであり、それは彼の知人である仏教僧が証言していると彼は述べている。[30]

いずれにせよ、一九五六年四月の新政権成立後、メッターナンダは特に新聞紙上における公開書簡という形で激しくバンダーラナーヤカを批判した。一九五六年七月三〇日の新聞紙上ではメッターナンダは、仏教委員会の報告書とその内容を仏教徒の民衆に知らせた仏教僧たちの活動がバンダーラナーヤカと彼の政党を権力の座に就けたのであり、そのことはあらゆるところで認知されていると述べた。その上で彼は、新政権の三か月間の取り組みを批判し、『仏教への裏切り』という英語訳でも知られる仏教委員会の報告書を軽視する新政権を「二度目の、そしてさらに恥知らずな仏教への裏切り」であると批判した。メッターナンダが特に問題視したのは、新政権がますます多くのカトリック教徒を要職に任用しようとしていることであった。この「問題」はすでに仏教委員会の報告書で明らかになっているはずであるのだが、真逆の施策が行われているというのが彼の主張であった(31)。

なかでもメッターナンダが取り上げたのは、陸軍や海軍の司令官にカトリック教徒を残しておきながら、逆に仏教徒の財務長官をカトリック教徒に代えてしまったことであった。さらに彼は、仏教徒の警察長官を更迭し、カトリック教徒に代えようとしていることをも批判した。また彼は、新政権の成立後、「ますます多くの」外国人宣教師が入国するようになったと指摘した。自転車に乗り、灰色のサリーを身につけ「奇妙な身なりをした」ハンガリー人の尼僧たちがしばしば見かけられるようになったとも述べ、政府の政策を批判した(32)。

こうしたメッターナンダの政権批判に対して、バンダーラナーヤカ首相自身がその回答を同じ新聞紙上に投稿した。そのなかで首相は、仏教は正当に扱われるべきであるが、他の宗教も同様に扱うべきであり、それを自らの姿勢としてきたと記し、自らの穏健派的な政治姿勢を表明した。また、仏教委員会の報告書の推奨事項をも概して是認しており、その第一歩として前述の文化省を設立したと主張した。財務省の次期長官にカトリック教徒が就任することをメッターナンダが批判していることに関しては、年功による通常の抜擢であったと述べた。その上で、メッターナンダのような主張は、「忍耐や政治的手腕や明瞭な思考」が必要とされるときに人々を誤らせ、混乱させるものだと批判した[33]。首相は彼を「狂人」と呼んだことすらあった[34]。

4　BC協定批判

このようにバンダーラナーヤカは政権獲得後は過激なシンハラ仏教ナショナリズムからは距離を置き、自らの「政治的手腕」によってマイノリティにも配慮した政策を遂行しようとした。タミル人たちへの要求に対する配慮は、すでにみたように一九五六年の公用語法案提出時にもみられたが、一九五七年のBC協定はおそらくそうした彼の姿勢を最もよく示すものであろう。

BC協定（バンダーラナーヤカ・セルワナーヤガム協定、Bandaranaike-Chelvanayakam Pact）はバンダーラナーヤカとスリランカ・タミル人を代表する連邦党のS・J・V・セルワナーヤガムとの妥協の上に成立したものであった。この協定のなかでタミル人たちはタミル語をシンハラ語と同等の地位にあるものとして扱うよう求める要求を放棄した。また彼らはそれまで進めてきたサティヤグラハ運動を停止するとした。一方で政府は、タミル語をマイノリティの言語として扱い、北部や東部の行政機関で使用することを認め、また、教育や農業、あるいはシンハラ人のタミル地域への入植を管理する権限を地域評議会に与えるというものであった[35]。両者の合理的な妥協の上に成立したこの協定は民族問題解決に向けての出発点としては非常によくできたものであったとみられている。しかし議会内の両陣営からは激しく攻撃されることになった。

タミル側ではG・G・ポンナンバラムが、シンハラ側ではJ・R・ジャヤワルダナがその先頭に立った。[36]

在野のシンハラ仏教ナショナリストたちからも激しい批判が起こった。この協定によって首相は、タミル人たちに一つの「自治国家（an autonomous State）」を与え、国家を二つに分裂させるのだと彼らは主張し、また、北部州と東部州ではシンハラ人が土地を取得すること、労働者として働くことすらできなくなるだろうと指摘した。[37] 一九五七年八月にバンダーラウェラで開かれたクスマー・ラージャラトネ（Kusuma Rajaratne）を支援する選挙集会はその一つである。クスマー・ラージャラトネは過激なシンハラ・ナショナリストとして知られたK・M・P・ラージャラトネの妻で、彼女自身も熱心なシンハラ語公用語化論者であった。彼女はこのときの補欠選挙に出馬して当選している。[38] この集会において、ランカ国民シンハラ活動協議会（Lanka Jathika Sinhala Bala Mandalaya）という組織を代表するゴダムンネ（Albert Godamunne, 高地シンハラ人の法律家）は、一〇月一日までにBC協定が破棄されなければ、シンハラ人は「国中で反乱を開始するだろう」と述べた。彼はこのとき、シンハラ人は消滅の危機にあると主張し、ウーワ地域のシンハラ人は、自らの「国、言語、宗教、文化のためにその命を投げうつ用意ができている」と訴えた。さらにF・R・ジャヤスーリヤは、BC協定は選挙公約に反しているだけでなく、「シンハラ人への最も恥ずべき裏切りである」と同じ選挙集会において述べた。[39] F・R・ジャヤスーリヤはカラーワの仏教徒であり、一九五〇年代に過激なシンハラ至上主義的言動を行った人物である。[40] K・M・P・ラージャラトネとともに「自国語派の双子（Swabhasha Twins）」の一人と呼ばれた。[41] すでにみたように、一九五六年の公用語法案に関してもタミル人への譲歩に対して断食による異議申し立てをジャヤスーリヤは行ったのであるが、そのことがその後の反タミル暴動を引き起こした一因であるとみる見方もあった。[42]

メッターナンダは、上記のK・M・P・ラージャラトネ、F・R・ジャヤスーリヤらとともにBC協定に反対する委員会を立ち上げ、「サティヤグラハ闘争」を計画した。この委員会は、シンハラ民族協会（Sinhala Jatika Sangamaya）、スリランカ仏教僧会議（Sri Lanka Sangha Sabha）、シンハラ言語戦線（Sinhala Bhasa Peramuna）、トゥリ・シンハラ戦線（Tri Sinhala Peramuna）を含む多くの団体の代表者の集まりのなかから生まれたものであった。[43] バンダーラナーヤカを政権の座に就けた運動を行った仏教僧たちもまた、BC協定後は首相を放逐する運動の最前線に再度立つことになった。「選挙において先駆的活動を行った」L・H・メッターナンダはこうした仏教僧たちの集まりにおいても明らかに重要な役割を果たした。進歩的比丘戦線（Progressive Bhikku Front）という組織に属する仏教僧たちが集会を開いたが、メッターナンダはその主要な演説者として参加した。[44]

一九五七年九月二日付のシンハラ語新聞『ランカディーパ』によれば、メッターナンダはBC協定を次のように批判した。まず彼は、首相は「個人的理念」ではなく「人々の声」に従うべきだと主張した。彼はまた、BC協定によって北部と東部のシンハラ人はマイノリティとなるという不安やシンハラ人が消滅するという恐怖を煽った。彼は、「マジョリティがマイノリティとして扱われることは世界の他地域ではなかった」とも述べた(45)。

さらにメッターナンダは土地所有や不法移民について言及し、次のようにシンハラ人の不安に訴えた。つまり、シンハラ人はジャフナには「全く土地をもっていない」のであるが、シンハラ語地域でタミル人たちは「購入可能な土地の二五パーセント以上を手に入れようとしている」。さらに、過去二、三年のうちに二〇万人以上のインド人不法移民が入国したが、そうしたことは「ジャフナ・タミル人」によって促されており、これが続けば、シンハラ人は「外洋上に住居をもたねばならなくなるだろう(46)」。

このようなBC協定批判が繰り返され、シンハラ人とタミル人との対立はますます激しくなっていった。こうしたなかで、BC協定をめぐる混乱を政権奪還のチャンスとみなしたJ・R・ジャヤワルダナに率いられた統一国民党は、多数の集会や行進を組織し、バンダーラナーヤカの「裏切り」を訴えた(47)。その後、よく知られているように、タミル地域へのシンハラ文字のナンバープレートをつけたバスの導入をめぐる対立が一九五八年三月に発生し、それに呼応してシンハラ地域でのタミル文字へのタール塗りなどが発生した（このタール塗りを主導したのは前述のK・M・P・ラージャラトネであった(48)）。四月九日には仏教僧を含む数百人の群衆がバンダーラナーヤカの私邸に押しかけ、その混乱のなかでBC協定は破棄された。その後、民族的な敵対感情はますます高まり、五月には大暴動が発生し、シンハラ・タミルの関係はさらに深刻な

ものになっていった。(49)

5　バンダーラナーヤカ暗殺

この暴動の翌年、バンダーラナーヤカは暗殺された。彼は一九五九年九月二五日に仏教僧の格好をした人物から銃撃を受け、翌日に死亡した。彼の死後、一九六〇年からは彼の妻であるシリマーウォー・バンダーラナーヤカが首相として長期にわたって権力の座に着くことになった。後述するように、バンダーラナーヤカ夫人は夫よりもはるかにシンハラ仏教ナショナリズムに親和的であり、マイノリティへの配慮は乏しかった。結果的に、夫人の政権下で民族的な対立はますます激化した。それはつまり、過激なシンハラ・ナショナリストたちにとっては、バンダーラナーヤカ夫人が権力を握ったことによって少なくとも彼女の夫の時代に比べれば格段に望ましい状況がつくり出されたということでもある。実際、彼女の政権の初期においてはN・Q・ダヤスが重用され、彼の政治的影響力は高まった。過激なナショナリストたちは明らかにこの暗殺から大きな利得を得た。しかし実際にこの犯罪に関わったのは、ナショナリズムのイデオロギーからはかなり距離を置くグループであった。

バンダーラナーヤカ暗殺の実行者は、アーユルヴェーダ医でもあったタルドゥウェー・ソーマラーマ（Talduwe Somarama）という仏教僧であったとされている。仏教僧であったが、美食を好み、卵や豚肉を食べ、タバコを吸い、アルコールの臭いをさせていたこともあったといわれる(50)。その上彼はアヘン中毒者であるともいわれた(51)。共犯者として八人が逮捕されたが、最終的に三人が有罪とされ、絞首刑を宣告された。つまり、実行者であるソーマラーマ、暗殺計画の中心人物であるとされたブッダラッキタ、その協力者H・P・ジャヤワルダナの三人に死刑判決が下ったのである。その後、ブッダラッキタとジャヤワルダナの刑は終身刑へと減刑されたが、ソーマラーマは一九六二年七月六日にウェリカダ刑務所において処刑された(52)。

首謀者とされたマーピティガマ・ブッダラッキタ（Mapitigama Buddharakkhita Thero, 1921–1967）は、一五歳のときに出家し、その後ケラニヤの仏教寺院において住職となった。この寺院は、「セイロンにおける最も豊かで最も重要な寺院の一つ」とみなされていたものであり、彼はこの住職となることで寺の莫大な資産を管理し、運用することができるようになった。彼はその資金力と影響力によって、バンダーラナーヤカ政権下においてかなりの権力を行使した。彼は共産主義者のフィリップ・グナワルダナの政権中枢からの排除においても彼の意向が強く働いたといわれる(53)。彼はこうした富と権力を背景に、コロンボ市内のファッショナブルな地区に住み、裕福な生活を送っていたといわれる(54)。

ブッダラッキタは、バンダーラナーヤカが一九五一年にスリランカ自由党を設立したときの創立メンバーであり、党のパトロンであった。この仏教僧は一九五二年の選挙においても政治的支援活動を行ったが、彼が最も活躍したのは一九五六年四月の総選挙においてであった。このとき彼は、タルパウィラ・シーラワンサ（Talpawila Seelawansa）という仏教僧とともに全セイロン比丘会議という組織を設立した。この組織はその後、前章でみたように、N・Q・ダヤスとL・H・メッターナンダが関わったスリランカ大仏教僧会議（Sri Lanka Maha Sangha Sabha）と合同し、総選挙直前の一九五六年二月に前述の統一比丘戦線を結成し、バンダーラナーヤカ政権樹立に重要な貢献をした。先にもみたように、この組織に属する仏教僧たちが戸別訪問を行い、集会を開き、印刷物を配布したのである。(55)

このようにブッダラッキタとメッターナンダは一九五六年の選挙においては一応の協力関係にあった。どちらも仏教僧を組織し、バンダーラナーヤカの選挙戦を支えた。しかしその後彼らの関係は明らかに悪化した。ブッダラッキタは過激なシンハラ・ナショナリズムからは間違いなく距離を置こうとした。彼が強い影響力をもつ統一比丘戦線は、一九五六年の暴動に関して、前述のF・R・ジャヤスーリヤの断食が「コミュナルで宗教的な騒動」を引き越したのだと主張した。(56) 彼はまた、「極端に過激なナショナリスト（ultra-extremist-nationalist）」という評判がメッターナンダにはあると新聞紙上において彼を非難した。(57)

それに対してメッターナンダは、スリランカ自由党の女性議員で保健大臣であったウィマラ・ウィジェーワルダナ（Vimala Wijewardene）とブッダラッキタとの親密な関係を明らかに念頭に置いてこの仏教僧を非難した。つまり、幾人かの仏教僧たちは、「社会の道徳的堕落」を生み出しているのであり、そうした仏教僧の一人の「著名な女性との関係は吐き気を催すような感情を引き起こす」とメッターナンダは新聞紙上に記したのである。[58] 実際、この女性閣僚とブッダラッキタとの間には「親密なつながり」が間違いなく存在すると考えられていた。ウィジェーワルダナがブッダラッキタの「愛人」であることは「ありふれた憶測」になっていた。[59]

ただ、メッターナンダとは異なり、ブッダラッキタはバンダーラナーヤカ政権成立後も政府への関わりをもち続けた。彼は、スリランカ自由党の執行委員会（Executive Committee）の一員であり、統一比丘戦線のリーダーであった。[60] また彼が一九五二年と一九五六年の選挙時に強力に支援した前述のウィジェーワルダナは保健大臣としてバンダーラナーヤカ政権に入閣した。ブッダラッキタはこうしたさまざまなルートを通して首相に影響を与えることができた。[61]

しかし、首相とブッダラッキタとの関係もまた次第に悪化した。対立の原因の多くは経済的理由によるものだった。たとえば、ブッダラッキタはウィジェーワルダナ保健相を通じて薬品輸入の独占を試みたことがあった。しかしバンダーラナーヤカはそうした「ゆがんだ取引」を拒否したため、それが首相を排除しようとする彼の行動の一因となったとされている。[62] あるいは、ブッダラッキタが、フィリップ・グナワルダナをはじめとする左派の影響力を政府内から排除しようとしたことも対立の原因となったといわれる。[63]

しかし、両者の対立を決定的にしたのは、ブッダラッキタの関係者が関与する海運会社に関わる問題であった。この会社は一九五八年五月に設立されたもので、その役員はブッダラッキタの兄弟であるK・K・U・ペレーラー、前述のH・P・ジャヤワルダナ、そしてペレーラーの義理の兄弟である。[64] このように、この会社の幹部はブッダラッキタのごく身近な関係者であった。その上、彼自身もこの事業に大金を投資していたともいわれる。彼らはビルマからの政府輸入米の運送において優遇されることを期待していたのであるが、バンダーラナーヤカはそれを認めなかった。この決定は彼らの海運会社への大打撃となった。[65]

その結果、ブッダラッキタとバンダーラナーヤカとの関係はますます悪化した。一九五八年末にはブッダラッキタは、「この政府は長くは続かない。適切に政府が運営されるには、バンダーラナーヤカは在家信者によってではなく仏教僧によって殺害されなければならない」と述べたといわれる。[66] 裁判で検察は殺害の動機について、「この陰謀には二つの動機があった。つまり嫉妬と権力への欲望である。主としてブッダラッキタの努力によって権力を得たというだけの理由で、政府と国の犠牲の上にブッダラッキタは蓄財することが許されるということにはバンダーラナーヤカ氏は同意しなかった。ブッダラッキタとその仲間たちの希望と野望が打ち砕かれたとき、彼らはバンダーラナーヤカ氏が権力の座に居続けることを許すことはできないと決意した」と述べた。[67]

ただ、この判決には当時からさまざまな疑問が呈されていた。たとえば、イギリスの高等弁務官は、「暗殺者を生かしておき、警察の手に渡すという暗殺の方法によってほとんど不可避的に陰謀を暴くことへとつながった」という計画のずさんさや、犯罪があったバンダーラナーヤカの私邸から第二の仏教僧が逃げていくことを許したという関係者の「奇妙な行動」などを指摘している。この第二の仏教僧に関しては裁判でも問題となり、暗殺直後に庭園の壁を乗り越えて逃げた人物が目撃され、即座に警察に通報されていたことに関しても、あるいは暗殺後に現場に投げ捨てられていた僧衣に関しても何の説明もないことが指摘された(68)。

暗殺の実行者であるとされたソーマラーマの自白や行動に関してもさまざまな疑問が呈された。彼の自白は、死刑の恐怖をちらつかせつつ、筋書き通りの供述をすれば釈放するという嘘によって引き出されたものであると弁護側は主張した。暗殺の日にソーマラーマがタクシーに三人を同乗させたことも不可解な行動であるとされた。またソーマラーマとバンダーラナーヤカは一九五二年以来面識があったにもかかわらず、死の床にあったバンダーラナーヤカが、医師の質問に対し犯人は「僧衣を着た愚かな男」だとのみ話し、「ソーマラーマ」だとも「見覚えのある仏教僧」だともいわなかったことも不可解であると主張された。ソーマラーマはアーユルヴェーダ医学校を解雇されたため、それを不服としてその日以前から首相邸に請願に訪れていた(69)。

コロンボの日本国大使館もこの裁判に関して数々の疑念が出されていると伝えている。ソーマラーマの件に関しては、「狙撃に使用された拳銃の同一性」は証明されず、自白は脅迫によって強制された虚偽であり、陪審員の選任も不公正であったという弁護側の主張が報告された。また公判を通じて、警察が「所謂街の暴力団と結びついて著しく腐敗していること」が明らかになったこと、「普通の裁判の常識では考えられないほどの不十分な証拠と不確実な証言に基づく判決」であることから、「党内の政敵たるブダラキタ僧一派の勢力を一掃するための裁判」であったという噂が流れていることなども記している。ただこうした噂や疑念が公的に表明されることはきわめてわずかであった。判決は非常事態下において宣告されたため、新聞などにはほとんど何も現れなかった[70]。

上記のように、バンダーラナーヤカ暗殺には不可解な部分も多い。そのためさまざまな憶測が流れた。ただ、次章で扱うように、結果的にみれば過激なシンハラ仏教ナショナリストたちにとっては明らかにより好ましい状況が暗殺によって生まれた。スリランカ自由党はウィジャヤナンダ・ダハナーヤカとC・P・ダ・シルワをその指導者とした後、首相の妻であったシリマーウォー・バンダーラナーヤカ夫人に率いられることになった。彼女は一九六〇年五月に党の総裁に指名され、七月の総選挙においてスリランカ自由党を勝利に導き、首相となった。その後一九六五年には政権の座を降りたが、一九七〇年から一九七七年まで再び最高権力者となった。一九六〇年六月の選挙前の「すべての」演説では「夫の政策を実行する」と彼女は述べた[71]。確かに外交においては夫の政策を踏襲したといわれる[72]。しかし、ナショナリズムに関しては夫とはかなりの程度異なる姿勢を示し、彼女の政権においては民族的、宗教的マイノリティへの政治的配慮は著しく減少した。

6　おわりに

S・W・R・D・バンダーラナーヤカがシンハラ人の民族感情に訴えたのは一九五六年の選挙時のみではなかった。彼は一九三六年にシンハラ大協会（Sinhala Maha Sabha）を創設し、その指導者であり続けた。一九三九年には彼は次のように語っている。「私は、私のコミュニティ、つまりシンハラ・コミュニティの利益のために命を捧げる用意がある。もし誰かが我々の進歩を妨害しようと試みたならば、彼は決して忘れることのない教訓を与えられることになる。私はその様子を眺めようと決めている」[73]。一九四〇年に国家評議会においても、「最後の一人のインド人がセイロンの岸から去っていく姿を想像することほど喜ばしいことはない」と述べた[74]。このような彼の言動がスリランカにおける民族問題の深刻化に果たした役割を無視することはできないであろう。

ただそれでも、政権獲得後に彼がシンハラ仏教ナショナリズムから距離を置き、マイノリティにも配慮した政策をとろうとしたことは事実である。ＢＣ協定の締結は彼の穏健派的姿勢を最も明確に表す出来事であった。しかしこうした彼の姿勢はメッターナンダを代表とするシンハラ仏教ナショナリストたちからは激しく攻撃されることになった。またこうしたなかで、政権交代の重要な功労者であったＮ・Ｑ・ダヤスの活動はかなりの程度限定されたものになった。

自ら煽り立てたナショナリズムに敵対することになる政治姿勢を貫く能力をバンダーラナーヤカが十分にもっていたか否かは明らかではない。イギリス人外交官が指摘したように、彼がもつものよりも「さらに大きな決意と政治的手腕」が必要だったのかもしれない。シンハラ仏教ナショナリズムの巨大なうねりを一人の指導者が完全に押さえ込むことができると考えることは明らかにナイーヴ過ぎる。しかし、少なくとも政権獲得後の彼はステーツマンであろうとしたし、偏狭なナショナリズムからは距離を置こうとした。彼が暗殺されることなく政権の座に居続けたとしたら、民族的対立の形は多少なりとも異なったものになっていたかもしれない。少なくとも実質的に彼の後継者となったバンダーラナーヤカ夫人の政策に比べれば彼の政策ははるかに穏健であった。

実際、「確固とした自らの政治哲学は全くもたず」、シンハラ至上主義的心情に疑問をもつことも、それを隠すことをもしなかったバンダーラナーヤカ夫人は、過激なシンハラ仏教ナショナリストたちにとっては明らかに好都合な指導者であった。「狂信的な在家信者（fanatical layman）」と呼ばれたL・H・メッターナンダや「仏教への熱狂者（Buddhist zealot）」と評されたN・Q・ダヤスらにとっては、彼女の夫に比べれば、はるかに与しやすかったであろう。実際、バンダーラナーヤカ夫人の政権の下でシンハラ人仏教徒の要求に沿う政策が次々と採用されていった。[75] 特にダヤスはシリマーウォー・バンダーラナーヤカ政権初期においてその職務を超えた影響力を発揮することになる。メッターナンダは民間の団体などを通じてその動きを支援した。[76] 一九六〇年代前半におけるダヤスらの活動とスリランカ政治との関連の解明は次章の課題としたい。

【注】

（1）Neil De Votta, *Blowback: Linguistic Nationalism, Institutional Decay, and Ethnic Conflict in Sri Lanka* (Stanford: Stanford University Press, 2004), p. 63.

（2）James Manor, *The Expedient Utopian: Bandaranaike and Ceylon* (Cambridge: Cambridge University Press, 1989), p. 256.

（3）Manor, *The Expedient Utopian*, pp. 225, 265; De Votta, *Blowback*, p. 63.

（4）Ceylon: Mr. Bandaranaike's Government, 28 June 1956, DO 35/5363, National Archives, London.

（5）Sinhalese/Tamil Relations, Office of United Kingdom High Commissioner, 5 September 1958, DO 35/8906, National Archives, London.

（6）Extract Ceylon Fortnightly Summary, 31 August 1956, DO 35/5158, National Archives, London.

（7）Ceylon: Mr. Bandaranaike's Government, 28 June 1956, DO 35/5363, National Archives, London; De Votta, *Blowback*, p. 79.

（8）Ceylon: Mr. Bandaranaike's Government, 28 June 1956, DO 35/5363, National Archives, London.

（9）Ceylon: Mr. Bandaranaike's Government, 28 June 1956, DO 35/5363, National Archives, London. しかしこのときタミル人たちは「賞賛に値する抑制的態度」を見せたとイギリス人行政官は記している。

（10） Manor, *The Expedient Utopian*, pp. 261–62.

（11） Ceylon: Mr. Bandaranaike's Government, 28 June 1956, DO 35/5363, National Archives, London. この暴動においては、アメリカとイギリスがタミル人たちの連邦制構想を支持し、資金援助をしているという主張をシンハラ人の過激主義者たちは行い、民衆を動員していたとも報告されている。

（12） Manor, *The Expedient Utopian*, p. 262. リギンズはガル・オヤ地域での死者数を二〇人から二〇〇人としている。Wriggins, *Ceylon: Dilemmas of a New Nation*, p. 261.

（13） *Ceylon Daily News*, 18 August 1956; 30 July 1956.

（14） Ceylon Fortnightly Summary, Part II, 27 April 1956, DO 35/5138, National Archives, London.

（15） 本書第三章を参照。

（16） 「仏僧統一戦線再結成に関し報告の件」第七五九号、昭和三一年九月一一日、結城司郎在セイロン大使館全権大使から重光葵外務大臣、Ａ’３００、外交史料館。

（17） Note on a Talk between Mr. Tilney, Mr. Pickard and Mr. N. Q. Dias, 20 July 1964, DO 196/322, National Archives, London.

（18） Neville Jayaweera, *Jaffna: Exorcising the Past and Holding the Vision: An Autobiographical Reflection on the Ethnic Conflict* (Maharagama: Ravaya Publishers, 2014), p. 76.

（19） 「仏僧統一戦線再結成に関し報告の件」第七五九号、昭和三一年九月一一日、結城司郎在セイロン大使館全権大使から重光葵外務大臣、Ａ’３００、１３３５、外交史料館。

（20） Jayaweera, *Jaffna*, p. 76.

（21） Donald E. Smith, 'The Sinhalese Buddhist Revolution', in Donald E. Smith (ed.). *South Asian*

Politics and Religion (Princeton: Princeton University Press, 1966), p. 472.

(22) C. A. Gunawardena, *Encyclopedia of Sri Lanka* (New Delhi: Sterling Publishers, 2003), p. 43.

(23) Smith, 'The Sinhalese Buddhist Revolution', p. 474; *The Betrayal of Buddhism: An Abridged Version of the Report of the Buddhist Committee of Inquiry* (Balangoda: Dharmavijaya Press, 1956), p. 119.

(24) Smith, 'The Sinhalese Buddhist Revolution', p. 474.

(25) Smith, 'The Sinhalese Buddhist Revolution', p. 475.

(26) Ceylon: Foreign Policy, 16 July 1964, OD 20/259, National Archives, London; Ceylon: The Resurgence of Buddhism and its Effect on the Christian Community, 15 January 1965, DO 170/53, National Archives, London; W. A. Wiswa Warnapala, *The Sri Lankan Political Scene* (New Delhi: Navrang, 1993), p. 226.

(27) D. B. Dhanapala, *Among Those Present* (Colombo: M. D. Gunasena & Co., 1962), p. 134.

(28) 「仏僧統一戦線再結成に関し報告の件」第七五九号、昭和三一年九月一一日、結城司郎在セイロン大使館全権大使から重光葵外務大臣、A'３００、外交史料館。

(29) *Ceylon Daily News*, 6 September 1956.

(30) *Ceylon Daily News*, 15 September 1956.

(31) *Ceylon Daily News*, 30 July 1956.

(32) *Ceylon Daily News*, 30 July 1956.

(33) *Ceylon Daily News*, 31 August 1956.

(34) Dhanapala, *Among Those Present*, p. 135.

(35) De Votta, *Blowback*, p. 102; 川島耕司『スリランカと民族―シンハラ・ナショナリズムの形成とマイノリティ集団―』明石書店、二〇〇六年、二二七頁。

(36) Patrick Peebles, *The History of Sri Lanka* (Westport: Greenwood Press, 2006), p. 110.

(37) Ukwatte Jayasundera to Julian Ridsdale, 29 August 1957, DO 35/8902, National Archives, London.

(38) *Parliaments of Ceylon 1960* (Colombo: Lake House, c. 1960), p. 146.

(39) *Morning Times*, 28 August 1957, in Ukwatte Jayasundera to Julian Ridsdale, 29 August 1957, DO 35/8902, National Archives, London.

(40) Roberts, *Caste Conflict*, p. 292.

(41) Janice Jiggins, *Caste and Family Politics of the Sinhalese, 1947–1976* (Cambridge: Cambridge University Press, 2010, first published 1979), p. 13.

(42) Urmila Phadnis, *Religion and Politics in Sri Lanka* (Columbia, Mo: South Asia Books, 1976), p. 267.

(43) *Ceylon Daily News*, 4 August 1957. 非ゴイガマの高地シンハラ人たちによってスリランカ・シンハラ民族協会という団体が一九二七年につくられている。シンハラ民族協会がこの団体と同一、または何らかの関係をもつ団体である可能性は高いと思われる。Nira Wickramasinghe, *Sri Lanka in the Modern Age: A History of Contested Identities* (Colombo: Vijitha Yapa Publications, 2006), p. 53; トゥリ・シンハラ戦線は中央高地諸地域において反タミル・プロパガンダを行った団体である。Wriggins, *Ceylon: Dilemmas of a New Nation*, p. 252.

(44) Ukwatte Jayasundera to Julian Ridsdale, 2 September 1957, DO 35/8902, National Archives, London.

（45） Ukwatte Jayasundera to Julian Ridsdale, 2 September 1957, DO 35/8902, National Archives, London. ジャヤウィーラはその回顧録の中で次のように述べているが、こうした思考は、きわめて当然のことであろうが、メッターナンダには明らかに欠如していた。「あらゆるマジョリティ・コミュニティを称揚するもの、そのコミュニティに真の偉大さや道徳的権威を付与するものは、圧倒的な数的卓越性から引き出される権力というよりは、数的な強みを欠く他のあらゆるコミュニティに快く彼らと同等の地位と威厳を与え、数的に少ないがために、あるいは肌の色や信仰が異なっているがために周縁化され不利益を被っていると感じさせることが決してないようにすることである」Jayaweera, *Jaffna*, p. 38.

（46） Ukwatte Jayasundera to Julian Ridsdale, 2 September 1957, DO 35/8902, National Archives, London.

（47） Thondaman, *Tea and Politics*, p. 160.

（48） *Parliaments of Ceylon*, p. 147.

（49） 川島『スリランカと民族』二二七〜二二八頁。

（50） A. C. Alles, *Famous Criminal Cases of Sri Lanka (3): The Bandaranaike Assassination Case* (Colombo: Mervyn Mendis, 1979), p. 38.

（51） Office of the High Commissioner, Colombo to Sir Alexander Clutterbuck, 20 October 1959, DO 35/8912, National Archives, London.

（52） Smith, 'The Sinhalese Buddhist Revolution', p. 499; G. D. Anderson to G. P. Hampshre, 18 July 1962, DO 225/13, National Archives, London.

（53） Smith, 'The Sinhalese Buddhist Revolution', p. 490; Metropolitan Police, Criminal Investigation

Department, 30 December 1959, DO 35/8914, National Archives, London.

(54) Office of the High Commissioner, Colombo to Sir Alexander Clutterbuck, 20 October 1959, DO 35/8912, National Archives, London.

(55) Smith, 'The Sinhalese Buddhist Revolution', pp. 491–93.

(56) Urmila Phadnis, *Religion and Politics in Sri Lanka* (Columbia, Mo: South Asia Books, 1976), pp. 258, 267.

(57) *Ceylon Daily News*, 7 September 1956.

(58) *Ceylon Daily News*, 4 September 1956.

(59) Ceylon: Political Situation, Acting United Kingdom High Commissioner in Ceylon to the Secretary of State, 31 December 1956, DO 35/5363, National Archives, London; Metropolitan Police, Criminal Investigation Department, 30 December 1959, DO 35/8914, National Archives, London.

(60) Smith, 'The Sinhalese Buddhist Revolution', pp. 494–95; Metropolitan Police, Criminal Investigation Department, 30 December 1959, DO 35/8914, National Archives, London.

(61) Smith, 'The Sinhalese Buddhist Revolution', pp. 495–96.

(62) Metropolitan Police, Criminal Investigation Department, 30 December 1959, DO 35/8914, National Archives, London.

(63) Smith, 'The Sinhalese Buddhist Revolution', pp. 496–97.

(64) Smith, 'The Sinhalese Buddhist Revolution', p. 498.

(65) Alles, *Famous Criminal Cases*, pp. 36, 56.

(66) Alles, *Famous Criminal Cases*, p. 61.

（67） Lucian G. Weeramantry, *Assassination of a Prime Minister: The Bandaranaike Murder Case* (Studer S. A.: Geneva, 1969), pp. 277–78.

（68） Crosthwait to Glutterbuck, 20 October 1959, DO 35/1984, National Archives, London; Weeramantry, *Assassination of a Prime Minister*, pp. 248–49.

（69） Weeramantry, *Assassination of a Prime Minister*, pp. 100, 257; Office of High Commissioner to Secretary of States, 15 October 1959, DO 225/13, National Archives; London.

（70） 勝野康助在セイロン特命全権大使から小坂善太郎外務大臣、昭和三六年五月一九日、A'３００、外交史料館。

（71） Maureen Seneviratne, *Sirimavo Bandaranaike: The World's First Woman Prime Minister: A Biography* (Colombo: Hansa Publishers, 1975), p. 176.

（72） A. Jeyaratnam Wilson, *Politics in Sri Lanka, 1947–1979* (London and Basingstoke: Macmillan, 1979), p. 252.

（73） Rajan Hoole, *The Arrogance of Power: Myths, Decadence and Murder* (Colombo: University Teachers for Human Rights Jaffna, 2001), p. 5.

（74） *Ceylon Hansard*, 21 Feb. 1940, p. 431.

（75） Ceylon: Resurgence of Buddhism, 23 February 1965, DO 170/53, National Archives, London.

（76） Jayaweera, *Jaffna*, pp. 69, 75; Meeting with Mrs Bandaranaike, British High Commission, 27 June 1969, FCO 37/343, National Archives, London.

第5章　バンダーラナーヤカ夫人政権とN.Q.ダヤス

本書ではこれまで、非ゴイガマと政治、一九五六年の政治改革、仏教とナショナリズムといった問題を中心に二〇世紀半ばのスリランカ政治のあり方を論じてきた。特にN・Q・ダヤスというカラーワ・カーストに属する行政官に注目し、彼の活動とその影響を考察してきた。本章においては一九六〇年代前半の政治過程とダヤスとの関連を明らかにしたい。これは過激な仏教ナショナリストであったダヤスが行政官としてきわめて大きな影響力を発揮した時期でもあるが、同時にスリランカ社会における民族的、宗教的コミュニティ間の対立がますます深まっていった時期でもあった。この時期のダヤスの政治的活動に関しては断片的な指摘はあるものの今まで十分には検証されてこなかった。イギリス公文書館所蔵の行政文書などを使いつつこの点を明らかにしていきたい。

1 バンダーラナーヤカ夫人の政権獲得

前章でみたように、S・W・R・D・バンダーラナーヤカ首相が暗殺されたのは一九五九年九月のことであった。この事件によって未亡人となったシリマーウォー・バンダーラナーヤカ(Sirimavo Bandaranaike, 1916–2000)は予期せぬ形で、そして政治的経験をほとんど欠いた状態で政治の場に登場することになった。彼女は個人的には快活で率直であり、非常に魅力的な人物であったといわれる。キャンディ王国時代の貴族の家系に生まれ、S・W・R・D・バンダーラナーヤカと結婚した。夫となったバンダーラナーヤカは低地シンハラ人ではあったが同様に名門家系出身であり、当時国民的指導者となりつつあった。彼女自身がイギリスの高等弁務官に語ったところによると、結婚するまで付き添いなしで家を出たことはなかった。公的な経験は明らかに乏しかった。しかし、指導者としてのカリスマのようなものはあったとされている。上記の高等弁務官によれば、彼女には女王という意識があった。少なくとも多くの人々がそうみなしていた。彼女のみが国民のなかから偏りのない支持が得られ、対立が多い政治組織を束ねる能力をもっており、またある種の抜け目のなさや、頑健さをもっていたとも考えられていた(1)。彼女とおおむね同時代に活躍したインド系タミル人の指導者S・トンダマーンも、彼女はもともともっていた「政治的操作における驚くべき抜け目のなさ」をさらに伸ばしていったと指摘

している。(2)

ただ本来的意味における政治的能力という点ではバンダーラナーヤカ夫人は明らかに高くは評価されなかった。上記の高等弁務官は、彼女は確固とした政治哲学はもたず、知的能力や学歴においても平凡であり、決してステーツマンではなく、国の真の問題に対する理解力があるわけではないと述べている。さらに、行政的能力はほとんどなく、正直ではあるが思い違いをしており、舵を握っているが航海をする能力には欠け、決してインディラ・ガンディー（Indira Gandhi, インド首相、在位一九六六〜一九七七）でもゴルダ・メイア（Golda Meir, イスラエル首相、在位一九六九〜一九七四）でもないと手厳しい報告をしている。(3)

彼女はもって生まれたカリスマ性や政治的抜け目のなさによって夫の死後ほどなく積極的に政治に関与し始めた。彼女によればそれは、「夫が非常に愛し、そして夫を熱愛する何百万というこの国の人々のためにできる限りの貢献をする」ためであり、そうすることが「亡き夫への義務であると強く確信した」からであった。実際、バンダーラナーヤカ夫人は夫の政策を継承すると繰り返した。「涙に暮れる未亡人」というイメージは多くの人々に訴えるものがあった。(4)一九六〇年三月の選挙では彼女はスリランカ自由党の候補者たちを応援した。同年七月に再度行われた選挙の前には党首に指名され、「恐るべき集票パーソナリティ」とも呼ばれることになる能力を発揮し、同党に勝利をもたらした。(5)

しかし選挙後首相に就任したバンダーラナーヤカ夫人は必ずしも夫の政策を継承しなかった。

一九六〇年の総選挙では「過激な戦闘的仏教徒諸団体」が彼女を支援したのであるが、彼女は首相就任後そうした勢力の要請に応えることに夫のようには躊躇しなかった。そのため過激なナショナリストたちは「彼ら自身の目的を達成するために利用可能な手段を新政権のなかでとうとう獲得した」と感じたのであった。[6] 実際、彼女の態度は特にシンハラ仏教ナショナリズムへの対応に関しては夫のそれとは大きく異なっていた。前章でみたように、彼女の夫はステーツマンシップを発揮してコミュニティ間の融和を図ろうとした。少なくとも彼は努力した。しかし彼女にはそのような意図は初めからほとんどなかったようにみる。彼女の言葉は時に過激なナショナリストによく似たものになった。一九六七年には、「シンハラ人の多数派は自らの権利がだまし取られることをもはや許さないという事実をタミルの人々は受け入れなければならない」と述べた。[7] インド系タミル人に関しては、「タミル人たちは、侵入者であり、高地地域に存在するあらゆる問題の原因である」とまで述べている。[8] バンダーラナーヤカ夫人と彼女が率いた政党の政治姿勢について、イギリスの新聞『デイリー・テレグラフ』は一九六六年に次のように書いた。「野党となったときも、与党であったときも、シリマーウォー・バンダーラナーヤカ夫人のスリランカ自由党は、人種的憎悪を煽り、タミル人に対抗してシンハラ人を擁護すること以外に事実上何も行ってこなかった」。[9]

実際、彼女のスリランカ自由党政権は、「コミュナルで外国人嫌悪的な政策」を進め、「外国人の権益とマイノリティ・コミュニティ、主にタミル人とローマ・カトリック教徒に対する差別的方策を導入した」[10]。後述するように、首相就任直後には私立学校の国有化がなされ、主にカトリック教徒の学校が大きな影響を受けた[11]。また、シンハラ語化政策がより徹底的に推し進められ、公務員におけるシンハラ人の数は大幅に増えた[12]。タミル語地域においてさえ裁判所は判決をシンハラ語のみで下すよう指示され、バスの表示はシンハラ語に変えられた。また郵便局の標識もシンハラ語のみとされた。ますます多くのシンハラ人が行政組織のなかに採用されるようになった。軍隊と警察は急速にシンハラ化された[13]。彼女のシンハラ仏教ナショナリスト寄りの政策は一九七〇年に再度政権を握った後も推し進められ、新憲法を発布し、そのなかで仏教を国民の主要な宗教（nation's foremost religion）と位置づけ、タミル語地域の自治を否定した。さらにシンハラ語学習者の入学許可基準を引き下げ、タミル人学生の入学をより困難にしたとされている[14]。

もちろんこうした彼女の政策はタミル人からの反発と抵抗を招いた。バンダーラナーヤカ夫人の「非妥協的な熱意」によって国の危機はより深刻なものとなっていった[15]。明らかに彼女の政治姿勢はタミル人のなかに暴力的な集団を生み出した一因となった。彼女は「タミル人の軍事的闘争の母」だともいわれた[16]。そして一九六〇年代前半の彼女の政権内で、おそらくもっとも強い影響力をもっていたのがN・Q・ダヤスであった。

2　N・Q・ダヤスと新政権

イギリス人外交官のコロンボからの報告によれば、N・Q・ダヤスが外交に関わる行政を統制するようになったのは一九六〇年のことであった。つまりバンダーラナーヤカ夫人の首相就任の年である。第三章でみたように、彼はパーナドゥラの富豪であるダヤス家の一員として生まれ、ロンドン留学などを経てセイロン高等文官（Ceylon Civil Service）というエリート行政官となった人物である。一九五六年にはS・W・R・D・バンダーラナーヤカに政権をもたらした選挙において「傑出した役割（prominent part）」を果たした。[17]新政権内において彼は文化局長となった。しかし、過激なナショナリズム勢力からの支援を受けて当選したにもかかわらず、マイノリティの権利にも配慮した穏健な姿勢をとろうとしたバンダーラナーヤカ首相の政権下ではダヤスの活動の範囲も限られ、彼が大きく注目されることはなかった。ダヤスが政策面において大きな政治的影響力を発揮することになるのは、夫の暗殺後に誕生したバンダーラナーヤカ夫人の政権下においてである。

一九六一年五月には彼は何人かの高位の役職者を飛び越えて正式に国防外交常任長官（Permanent Secretary, Ministry of Defence and External Affairs）に抜擢された。ダヤスは形式的には一公務員にすぎず、他の閣僚たちの意向にも配慮しなければならない立場にあったが、事実上の「自由裁量権（free hand）」を与えられた。[18] セイロン高等文官（Ceylon Civil Service）に属するエリート行政官としてダヤスの下で働いたジャヤウィーラはその回想録のなかで、N・Q・ダヤスは「もっとも強力な公僕」であり、バンダーラナーヤカ夫人に対する彼の影響力のために閣僚たちでさえ彼を畏怖し、メディアの一部は彼を公然と「ツァー（The Tsar）」と呼んだと記している。[19]

ダヤスがどのようにバンダーラナーヤカ夫人に近づいたのかは必ずしも明らかではない。ただ前述したように一九六〇年に夫人がほとんど突然とでもいいうる形で国家の最高権力者となったとき、彼女は政治に関して明らかにほとんど無知であった。高位の行政官として長くスリランカ政治に関わってきたN・Q・ダヤスは彼女にとっては間違いなく頼るに値する人物の一人であった。またダヤスはカラーワであり、その点で彼女の地位を脅かす可能性がないという配慮が「驚くほどの抜け目のなさ」[20]をもっていたとされる夫人にはあったのかもしれない。ダヤスもまた政治的野心を表明するような不合理な行動は取らなかった。ジャヤウィーラが指摘するように、彼は「政治に手を染めずに政治的状況を変えようとした」のであろう。いずれにせよ、こうしたダヤスの姿勢にバンダーラナーヤカ夫人は安心し、多くに関してダヤスに相談した。[21]

バンダーラナーヤカ夫人がシンハラ仏教ナショナリズムに対してきわめて共感的であったこともダヤスが側近となりえた理由の一つであったと思われる。すでに触れたように、彼女は夫ほどマイノリティへの配慮を示すことはなかった。こうした彼女の基本姿勢は、「過激な仏教的シンハラ指向的民族感情」が蔓延する当時においてさえ過激だといわれたダヤスをも十分に許容しうるものであった。[22]またダヤスは「無数の」仏教徒組織とのつながりをもっていた。[23]さまざまな仏教徒勢力との関係から生まれる彼の影響力がダヤスを重用すべき人物であると夫人に思わせた一因であったともいえるかもしれない。さらに、すでにみたように、一九六〇年の総選挙においては「きわめて戦闘的な仏教徒集団」が夫人を支援した。[24]選挙における何らかの活動がダヤスを政権に近づけたことも十分に推察される。

いずれにしてもN・Q・ダヤスはバンダーラナーヤカ夫人の側近として強力な権力を行使することになった。彼はさまざまな事項に積極的に関わった。特に、軍隊や警察の運用、政府の移民政策において強い影響力を発揮した。彼はたとえば行政組織のなかに「活動的な仏教徒団体」を設立することを進め、そして軍隊への採用は事実上一〇〇パーセントをシンハラ人仏教徒にするよう努めた。そうすることで、「歴史的理由によって非仏教徒や非シンハラ人がこれまでもってきた圧倒的な支配力」と彼がみなすものを打ち破ろうとした。[25]彼が打ち倒すべき対象であると考えたものの一つに植民地時代につくられた教育制度におけるキリスト教徒の優位性があったことは明らかであった。バンダーラナーヤカ夫人が戦闘的な仏教徒たちの影響下で最初に着手したのが私立学校の国有化という課題であった。

3　学校の国有化

植民地時代のスリランカではエリート教育の非常に多くの部分は西洋のキリスト教ミッションがつくり上げた学校制度によって担われてきた。こうしたキリスト教徒たちの教育分野における優位性の打破は、一九世紀後半以降の仏教復興運動が追求した主要な課題の一つであった。しかし仏教徒たちの学校設立の試みは十分には進まず、キリスト教徒との格差を解消することはできなかった。一八八〇年代にオルコット大佐を中心として設立された仏教徒神智教会によって運営されていた約三〇〇〇の学校は「絶望的な」状態にあった[26]。そのため私立学校を国有化せよという要求は第三章でみたように仏教委員会の報告書のなかでも重要な主張の一つとなった。彼らは、キリスト教徒の学校では仏教徒の子どもたちが宗教教育を受けられないだけでなく、逆に改宗の脅威に晒されざるを得ない、さらには「反仏教的な理念」が吹き込まれる恐れがあると主張し、「一九五八年一月一日までにすべての助成校を国有化する」ことを要請した[27]。S・W・R・D・バンダーラナーヤカはこうした主張に共感する人々の圧倒的な支持を得て首相となった。

しかし首相就任後のバンダーラナーヤカはこの仏教ナショナリストたちの主張を受け入れなかった。上記の期限が過ぎた一九五八年三月に彼は全セイロン統一比丘会議において助成校の国有化に関して、「私は仏教の諸権利を護ろうと努めるが、他の宗教への壊滅的打撃を企図することはできない」と述べた。(28) もちろんナショナリストたちは反発した。一九五九年頃になると、過激なシンハラ仏教ナショナリストたちの関心は、タミル人に対してよりも、ますますカトリック・コミュニティに向けられるようになっていった。さらにこの頃になると、マルクス主義者、特にフィリップ・グナワルダナとその一派も反カトリック感情を扇動し始めた。彼らは教育における既得権益としてのキリスト教系の学校制度を問題とした。その背後には仏教徒の民衆には「弁証法的唯物論」よりも反カトリック的訴えの方がはるかによく浸透するとみられていたという状況があった。(29)

学校の国有化に向けた動きはS・W・R・D・バンダーラナーヤカ首相の暗殺後に急速に進んだ。当時スリランカ自由党の広報担当であったフェリックス・ダヤス・バンダーラナーヤカ（バンダーラナーヤカ夫人の甥、後の財務相）は、一九六〇年七月の総選挙の直前に「教育の全システム」を中央政府の下に置くことを検討する委員会を立ち上げるという党の姿勢を表明した。選挙直後の八月一二日には新しく首相に就任したバンダーラナーヤカ夫人が助成校の国有化を宣言した。こうして「助成校および訓練校（特別措置）法案」は一九六〇年一一月にスリランカ下院において可決された。(30)

この法律の適用範囲は助成を受けない学校にもおよび、私立学校においても学校の事業主の宗教を信仰しない親の子どもを受け入れることは許可されないことになった。また、特定の学校は助成を受けることなく存続することを許されたが、原則的に授業料を取ってはならないこととなった。授業料を課すには教師と親の七五パーセントの賛成が必要であるとされた。その結果、非助成校の多くは宗教団体の資金に頼らざるを得なくなった。ただ、これらの制約にもかかわらず、一九六一年の段階で数十校が私立学校としてとどまった。こうした学校のほとんどは、教育報告書によれば、この国の教育において「卓越した地位」にあった。これらの学校での教育は「雇用に関する厚遇」としばしば関連していると主張された[31]。

学校の国有化に加えて、バンダーラナーヤカ夫人の第一次政権（一九六〇年から一九六五年）ではシンハラ語化政策がさらに徹底して実施された。一九六〇年一二月には、タミル語と英語の通訳をつけるという条件付きで議会で使用する言語はシンハラ語とすると定められた。一九六一年一月一日には、タミル人たちからの要請を拒否し、全国すべてにおいてシンハラ語が公用語であるという声明が出され、法廷における言語をシンハラ語にするという法律が成立した。こうしたシンハラ語化の動きはタミル人側からの強固な抵抗を招き、タミル人の政党である連邦党はサティヤグラハと呼ばれる大規模な不服従運動を主導することになった。こうして一九六一年二月二〇日にタミル人たちによるガンディー式の非暴力抵抗運動が始まり、それは一九六一年四月に軍隊によって制圧されるまで続いた[32]。

この抵抗運動はスリランカ北部と東部のタミル語地域で起こったものである。連邦党の党首セルワナーヤガムの呼びかけによって集まった何千という人々は、歩道上に座り込み、政府庁舎の入り口をふさいだ。彼らはタミル人の公務員たちに向けて仕事を休むよう訴え、タミル人の民衆の多くがこの運動を支持した。セルワナーヤガムの目的は、自らの言語を使う権利がタミル人たちから奪われようとしていること、あるいは彼らが明らかな差別的待遇を受けていることを世界の人々に知らしめることでもあった。彼らの運動が進むなかで、連邦党は自らの郵便局を造り、切手を発行することを決定した。これに対して、政府は緊急事態を宣言し、連邦党の指導者たちを逮捕し、政党活動を禁止した。こうしてこのサティヤグラハは十分な成果を得ることなく終わった(33)。

4　軍隊の仏教徒化

学校の国有化やシンハラ語化政策と同様に重要な施策は軍隊の仏教徒化であった。N・Q・ダヤスはこれを精力的に進めた。「戦闘的仏教徒集団」をつくろうとする彼の試みは三軍のなかでも陸軍においてもっとも成功した(34)。彼はそのための一手段として、軍隊内に「仏教徒の支部組織」をつくり、それらを彼の庇護下においた(35)。この戦術、つまりシンハラ仏教ナショナリズムに賛同する人々を中心に多くの小規模なグループを作り、それを組織化するという戦術は過去においても彼が行ってきたものであった。ダヤスはこの能力に秀でていたといえるかもしれない。そのもっともよく知られた事例の一つは、本書において幾度か論じたように、一九五六年の総選挙の際のものであろう。このとき彼は仏教徒の公務員組織を作り、また各地に仏教徒の協会をつくった。この協会は三五〇〇以上にもなり、S・W・R・D・バンダーラナーヤカに歴史的な勝利をもたらすことになったのである。

ダヤスは軍隊への採用において事実上一〇〇パーセントがシンハラ人仏教徒となるように努めた。[36] また、当時の政権、つまりスリランカ自由党政権に「絶対的に忠実」であるか否かも採用や昇進時には綿密に調べられた。こうした人事への関与によって、「将校や他の地位の上層部も非常に厳密に」ダヤスによってコントロールされるようになった。[37] 兵卒に関しては地元のスリランカ自由党所属議員の推薦を受けたシンハラ人農民から多くが採用され、「人種と宗教」に基づく政治的信頼性が陸軍の採用と昇進の基準となった。[38] また特定の人物がダヤスの指示によって大きく昇進することもあった。[39]

ギャムヌ・ウォッチ（Gamunu Watch）連隊と呼ばれる組織へのダヤスの影響力は特に大きかった。この組織はイギリスのスコットランドにあったブラック・ウォッチ連隊に模して一九六二年一二月に創設された部隊である。ギャムヌという呼称は言うまでもなく紀元前二世紀にタミル王エラーラを撃退したドゥトゥギャムヌ王の名前からとられたものである。この組織はダヤスの近衛連隊（Guards）とみなされることもあった。[40]

ダヤスによって採用されたり、昇進したりした者たちのなかでは仏教徒至上主義的傾向はきわめて強かった。[41] 多くの兵卒や若い将校たちはシンハラ人や仏教徒を優遇するスリランカ自由党政権の政策に共感しがちとなった。その結果、タミル人による騒乱に対しては彼らの多くはきわめて無慈悲となった。実際、軍隊の間では「タミル人叩き（Tamil bashing）」という行為が「人気の娯楽（popular sport）」となったなどとも報告されている。[42] タミル人地域へ派遣された軍隊の行状については議会でも問題とされた。タミル人を辱めるような形で捜索を行うこと、殴打すること、通りがかりの軍用車から石を投げること、タミル人女性をレイプすること、トディ酒を探し求め泥酔することなどがみられると主張された。[43]

タミル人たちへの弾圧がきわめて過酷なものになったのは、それがダヤス自身からの指示であったからでもあった。彼は前述のジャヤウィーラに対して、「できる限りあらゆる場面においてタミル人連中には『対立』を強い」、「あらゆる危機的場面において彼らの上に『絶対的な優位性』を確立する」ことを求めた。当時のダヤスの影響力を考えれば、彼の意向がさまざまな形で実行されたことは間違いない。実際、ジャヤウィーラの前任者はダヤスの指示に忠実に従ったという。このジャフナ政府長官はアヌラーダプラから頑強な地元民をバスを使ってジャフナまで運び込み、サティヤグラハを行っているタミル人たちに対抗させた。[44]

N・Q・ダヤスは不法移民や密輸の取り締まりを口実としてスリランカ北部に軍隊を積極的に派遣した。この「本質的に非軍事的な作戦」のために彼は一二隻の高速警備艇を購入した。[45] 前述のギャムヌ・ウォッチ連隊は彼の指示を受け、北部で移民を取り締まる仕事を行った。[46] ジャヤウィーラの回想録によれば、当時ダヤスは「二五年以内に」タミル人の武装反乱が起こると信じていた。そしてその対策として、北部地域を取り囲むように軍隊の駐屯地をつくる必要があると考えていた。しかし恒久的な軍事基地の建設はタミル人側からの大規模な反対運動を引き起こす恐れがあった。そのため彼は、真の意図を偽り、不法移民と密輸対策のためだと称して軍隊を配備したのである。ダヤスはこの施策をより円滑に進めるために不法移民と密輸の問題をメディアにリークした。彼の意図通りにこの問題は衆目の関心を集めることになった。そのため軍隊を駐屯させることに表立って反対することは難しかったといわれる(47)。

N・Q・ダヤスと政治的理念を共有し、ダヤスの「表看板」だともいわれたL・H・メッターナンダはその頃反タミル的主張を新聞紙上において精力的に行ったが、その際不法移民の問題にも言及し、反移民感情を煽った。タミル人たちに自治を許すと、北部や東部は「不法移民」の結集地点となり、それはやがて「シンハラ人の究極的滅亡」につながると彼は述べた。メッターナンダはまた、シンハラ人は土地をなくし、失業や貧困にあえぐ「虐げられた多数派」であり、逆にタミル人たちは「特別な特権」をもっており、彼らのサティヤグラハはその特権に執着しようとする行為だと主張した(48)。

ところで、密輸や不法移民問題を口実にした北部における軍隊の駐留、軍隊内におけるシンハラ仏教ナショナリズムの影響の拡大、実際に行われた軍隊による民間人への過酷な対応、「タミル人叩き」などと呼ばれる「娯楽」、警察のシンハラ化、あるいは妥協を拒否し、徹底的に弾圧しようとするダヤス自身の指令、そうしたものがタミル人の抵抗運動をより強固なものにしたことは想像に難くない。シンハラ語公用語政策への連邦党による反対運動ははじめはわずかな支持を集めるだけであったが、「粗暴な弾圧」のなかで、「すべての部門のタミル人の意見」を取り込むようになっていった[49]。

5　一九六二年のクーデター未遂事件

すでにみたように、一九六〇年のバンダーラナーヤカ夫人の政権成立後には私立学校の国有化、軍隊の仏教徒化といった政策が進められた。仏教徒中心主義的な傾向が強まるなかで、非仏教徒、非シンハラ人の将校たちの間には不安が広がっていった。マイノリティである彼らの宗教的、民族的コミュニティの影響力の低下に対して、あるいは民族間の調和や国民統合を犠牲にしてシンハラ人仏教徒の民族的感情を優先する政治に対して彼らは大きな危機感を抱いていたとされる。こうしたなかで、クーデター計画が高位の士官と警察によって立てられた。しかしこの計画は決行寸前の一九六二年一月二七日に発覚し、首謀者たちは逮捕された[50]。

首謀者のほとんどはキリスト教徒、特にローマ・カトリック教徒であったので、このクーデター計画は仏教徒の勢力拡大に対する反動であるとみられた。また、彼らの多くが富裕な名家出身で名門校で教育を受けたいわば「特権階級」であり、この計画の背後にはこうした上層ミドルクラスの不安があったともみられている。首謀者の一人に仏教徒が含まれていたが、その家族はアングリカンのキリスト教徒であった。[51] また、計画に関与しようとした警察官には仏教徒は含まれず、キリスト教徒が多数であった。[52]

このクーデター計画は、イギリスの公文書によれば、単に要人の拘束のみを目的にするもので、「かなり未熟で穏やかな出来事」であったとされている。[53] 首謀者たちは、スリランカ南部のカタラガマに向かう途中のバンダーラナーヤカ夫人を拘束する計画であった。成功後には、統一国民党の首相経験者であるダッドリー・セーナーナーヤカとサー・ジョン・コタラーワラがバンダーラナーヤカ夫人とともに政治運営を行うことになっていた。つまり、このクーデターの目的はバンダーラナーヤカ夫人を「その助言者たちの策謀から救出する」ようなものであると考えられた。[54]

このクーデターによって拘束されることになっていたのは、まず左翼の指導者たち、「二人のダヤス」、そして警察と軍部の「非常に高位」の人々であった。二人のダヤスとは、フェリックス・ダヤス・バンダーラナーヤカとN・Q・ダヤスであった。この二人は当時バンダーラナーヤカ夫人の政治的経験のなさにつけ込んで権力を操ろうとしているとみなされていた。夫人の甥であるフェリックス・ダヤスは事実上の国防大臣であったが、若く未経験であった。それにもかかわらず彼は行政の細部にまで干渉を繰り返したので警察や軍の幹部からの反発は大きかった。他方で、N・Q・ダヤスへの反感もまた明らかに大きかった。すでにみたように、彼はバンダーラナーヤカ夫人の側近としてかなりの権力を握り、軍や行政の仏教徒化の先鋒に立っていた。首謀者の一人であったダ・ソイサー（Sydney de Zoysa）はクーデターに関する質問に対して、当時の大きな問題は学校の接収であり、N・Q・ダヤスは「仏教ショーヴィニスト」であり、あらゆるものを接収し「仏教国家」のなかに持ち込もうとしていると述べた。(55)

6　BJBの設立とポーヤ日

一九六二年のクーデター未遂事件は軍や行政などの公的機関のさらなるシンハラ化、仏教徒化を促した。(56)国籍をもたないカトリック尼僧の国外追放は事件直後に行われた政策の一つであった。これもまた仏教委員会が一九五六年にすでに提言していたことである。報告書は、尼僧たちはキリスト教徒の患者を優先し、仏教僧の病院内での説教を困難にし、カトリック教徒の医師や看護師は仏教徒の患者をさまざまな仕方で苦しめていると記している。それゆえ「セイロン化」政策を施行し、「教育を受けたセイロン人の少女たち」にこの仕事を任せるべきであると主張した。(57)この政策はバンダーラナーヤカ夫人の政権下で一九六二年六月に採用され、一九六四年三月までには看護師をしていた一四〇人ほどの尼僧が国外へと去っていくことになった。(58)

クーデター計画失敗後の公的機関の仏教徒化に大きく関わったのはBJB（Bauddha Jathika Balawegaya, 仏教徒国民軍）という民間団体であった。BJBは、仏教普及協会（Buddha Pracharaka Sabha）という組織に属する一群の人々がつくった「戦闘的な仏教徒の団体」であった。支持者は主に仏教徒の公務員であり、『仏教戦線（Baudha Peramuna）』という週刊刊行物を発行していた。ＢＪＢは「失った仏教徒の権利を取り戻す」という展望の下に設立されたのであるが、そのきっかけは前述の一九六二年のクーデター未遂事件であったといわれる。[59] イギリスの公文書によれば、ＢＪＢは「狂信的な在家信者」に導かれる「敵意に満ちた反キリスト教団体」であり、「仏教の半狂人的分派集団」であった。L・H・メッターナンダがその総裁であったが、彼は「もっとも悪名高い」人物であると書かれている。N・Q・ダヤスはこの団体にも深く関わっていた。彼はＢＪＢの役員ではなかったが、主導者の一人であるとみなされていた。[60]

ＢＪＢは行政における仏教徒の採用拡大を要請した。彼らはこの点に関しては全セイロン仏教徒会議と歩調をそろえていた。この団体は「カトリック・アクション」の活動を調査する委員会を立ち上げ、宗教団体と行政との関係、軍隊におけるカトリック教徒の割合、職員採用時における宗教的配慮の影響を調べようとしていた。ＢＪＢはこの動きに同調し、考古学局などの政府職に非仏教徒を採用することに反対した。また一九六一年の教育委員会の報告書にあるように宗教別人口等に配慮したクオータ制を採用するように求めた。[61]

カトリック・アクション批判は、ＢＪＢの重要な活動の一つであった。カトリック・アクションとは世界各地で聖職者の下に行われたカトリック一般信者の運動である。世俗化、共産主義化に対抗すべく教皇主導の下で一九二二年に始められたものであるとされる。[62] ＢＪＢはこの運動への危機感を煽り、激しく批判した。彼らはそのために『カトリック・アクション―平和と友好への脅威、セイロンのカトリック連合への返答―』と題する冊子を出版した。ＢＪＢによれば、このカトリック教徒の運動は「信徒の宗教的利益の推進」といった罪のないものではない。その戦略は、あらゆる公的、私的組織へとカトリック教徒を入り込ませ、組織を内部から変容させ、「ヴァチカンのグローバルな野望」に奉仕することであった。その結果「七五パーセントが仏教徒人口である国の軍隊が総人口のわずか七パーセントを占めるに過ぎないローマ・カトリック教徒に支配されるようになった」とＢＪＢは主張し、すべての仏教徒は団結してカトリック教徒の運動に立ち向かうよう訴えた。さらに「あらゆる通信は極秘とする」と付言し、公的、私的なさまざまな組織内におけるカトリック・アクションの動きを報告するように求めた(63)。こうして多くの組織に配置されたＢＪＢの構成員たちは組織内における採用や昇進を監視し、組織の仏教徒化を進める役割を担った。

ＢＪＢはポーヤ日を休日にする運動をも積極的に行った。ポーヤはパーリ語ではウポーサタ(Uposatha)といい、日本語では布薩と呼ばれる。仏教の斎日であり、戒律の遵守を確認する日である。上座仏教においては通常陰暦のなかの四日、つまり満月、新月、二つの半月日がその斎日であるとされていた。スリランカでは一般の敬虔な信者は、月に四度のポーヤ日には八戒を守り、白衣を着て寺院に参拝し、瞑想、読経などで一日を過ごすとされている(64)。このポーヤ日を休日にせよという要求もまた、私立学校の国有化などとともに前述の仏教委員会の提言に沿ったものである。日曜日を休日とする制度は「非常に小さなマイノリティ」の利益のために外国人の支配者によってつくられたものであり、ポーヤ日が休日となっていないことは、圧倒的な多数派である仏教徒の在家信者と仏教僧との間の「生き生きとした接触」が失われた大きな原因であると報告書は主張した。そして、「仏教徒の道徳的福利のために、そして民主的要請に従って、すべてのポーヤ日と仏教祭礼日は休日にするよう布告すること」を提言した。またその際、キリスト教徒やムスリムが日曜日や金曜日に宗教的行事を行うことを望んだ場合は、個々の事例に合わせて取り決めがなされるべきであると付け加えた(65)。

第三章でみたように、N・Q・ダヤスは、公的にはこの仏教委員会に属していなかったが、その活動を陰で支えていた。それゆえ一九五六年に出版されたこの報告書におけるポーヤ日休日化の主張にもダヤスの意向が反映していた可能性は高い。少なくとも一九六四年の運動は明らかにダヤス主導で行われた。このとき彼は、すでにみたように、国防外交常任長官という職位にあり、バンダーラナーヤカ夫人の側近として大きな影響力を発揮していた。彼はまた公務員の仏教徒組織(Congress of Public and Local Government Services Buddhist Associations)の議長でもあった。ダヤスはその立場から、すべての仏教徒の公務員に対してポーヤ日には宗教的な理由による臨時休暇を取ることを要請する通達を出した。その結果、一九六四年八月二二日には中央および地方のいくつかの政府機関では多数の仏教徒が休暇を取り、スタッフの欠如のため業務がほとんど停止した。ダヤス自身はこの日自らの部署の一五〇人を率いてアヌラーダプラに巡礼に出かけた。この運動の結果、一九六四年一〇月にはそれまで休日とされていなかった八つの満月日が新たに休日とされた。[66]

しかしダヤスらの活動はそこでとどまることはなかった。彼らは残り四〇日ほどのポーヤ日をも休日にする運動をその後も繰り広げた。バンダーラナーヤカ夫人の政権下では、上記の通り、日曜日を休日として残し、一か月に一度の満月のポーヤ日を休日とする制度が成立したのだが、当時野党であった統一国民党は一九六五年の総選挙では日曜日を休日とする従来の制度そのものを廃止することを公約にした。しかし政権を獲得すると彼らは、月四度のポーヤ日は休日にしようとはしたが、日曜日は残そうとした。それに対して、「強力な仏教徒集団」（おそらくBJBであると思われる）が月四度のポーヤ日の前日を半日休暇とすることを求めた。こうして日曜日を休日とする制度は廃止された。[67] この新しい制度はその後五年間ほど続いた。しかしこの休日制度は私企業や政府の業務に大きな影響を与え、生産性の低下を招くことになった。そのため、最終的には一九七一年七月にこの休日制度は廃止され、従来通りの日曜日を休日とする制度が復活した。ポーヤ日に関していえば、満月日のみが休日とされることになった。[68]

7 一九六六年のクーデター未遂事件

一九六〇年七月に成立したバンダーラナーヤカ夫人の政権は経済状況の悪化のなかで次第に行き詰まっていった。事態打開のために彼女はN・M・ペレーラー（Perera）が率いる左翼政党

ＬＳＳＰ（Lanka Sama Samaja Party, ランカ平等社会党）と連立を組んだ。トロツキストを自称するＬＳＳＰは、ミドルクラスや保守層のみでなく、仏教徒に対しても脅威にはならないというイメージ作りをその頃積極的に行っていた。[69] こうして多くの人々は「魔術師」とも呼ばれたペレーラーがこの国の問題を解決することを望んだ。しかし期待されたペレーラーの経済政策は人々の生活苦を改善しうるものだとは認識されず、労働争議は再発し、メディアからの批判は高まった。こうした状況に対抗してペレーラーは巨大なマスメディア企業であったレイク・ハウス出版を国有化し、他のメディアをも規制しようとした。首相もそれを支持したため、権威主義的、全体主義的傾向を嫌ったＣ・Ｐ・ダ・シルワ（de Silva）は一三人の議員と共にスリランカ自由党を離党し、野党に移ることになった。そのためスリランカ自由党は多数派としての地位を失い、バンダーラナーヤカ夫人は一九六四年一二月に議会を解散した。[70]

その後一九六五年三月に総選挙が行われ、それまで野党であった統一国民党が政権を担うことになった。それにともないＮ・Ｑ・ダヤスは国防外交常任長官の任を解かれたが、これによって彼がシンハラ人仏教徒としての活動に費やす時間は格段に多くなったともいわれた。[71] すでにみたように、彼は四年間の常任長官在任期間中に軍に関わる採用と昇進の多くを仏教徒に制限し、軍隊内部に「戦闘的な仏教団体」を設立しようとした。その際彼自身が多くの人事に深く関与した。そのため彼によって採用されたり、昇進したりした者たちを中心に彼への支持は高かった。先にみたように彼の近衛兵とでもいいうるような部隊もあった。長官退任後も多くの軍関係者は彼の指導や指示を待ち望んでいたとみられていた。そのため、クーデター計画が発覚したとき、ダヤスはもっとも疑われた者の一人であった。(72)

軍隊内部の問題に関して警察は、高位の士官を含む陸軍軍人への聞き取りをかなり前から行っており、一九六五年七月頃には軍人たちの「宗教・コミュナル団体」との関係、そしてその団体の政治的関与の可能性については調査されていた。前政権下における陸軍兵員の政治的理由による大規模な採用に関する調査も行われた。こうして一九六五年一一月には、陸軍の「宗教・コミュナル団体」の士官による陸軍基金の詐取や「間違ったコミュニティ・宗教（wrong community/religion）」に属する者、あるいは彼らの団体に属さない者への報復行為があったことが明らかになったと報告された。(73)

クーデター計画が発覚したことが新聞で報道されたのは一九六六年二月二三日のことであった。これはＬＳＳＰの高位の政治家からのリークによるものだとされている。この政治家は、この計画は「文民からなるスリランカ自由党支持派の団体」によって立案指導されたと述べた。(74)このクーデターでは、主導的な閣僚や士官を暗殺、または逮捕した後に軍事評議会を立ち上げることになっていた。一九六六年二月一七日の深夜に実行される予定であったが、その二、三時間前に政府に気づかれたことがわかり、計画は放棄された。(75)その後二月二六日には、関与を疑われた五人の陸軍士官が強制的に休暇をとらされたこと、取り調べを受けた者の一人は「陸軍内のＢＪＢに属する高位の士官」であることが報道された。さらに八人の下士官が逮捕されたことが伝えられた[76]。

すでにみたように、このクーデターに関してもっとも疑われた文民の一人はN・Q・ダヤスであった。実際彼は聴取され、パーナドゥラにある彼の親の家も調べられた[77]。この計画発覚後の早い時期に彼自身の住居も捜索されたが、関与の証拠は見つからなかった[78]。ダヤスと軍内部の過激な仏教徒勢力とのつながりに加え、彼が一九六四年頃に憲法の破棄と権威主義的体制の樹立を主張した人々の一人であるとみられていたことも間違いなく聴取理由の一つであった[79]。しかし、当然のことではあろうが、彼自身が関与を認めることはなかった。

またこのときダヤスとの関係が深いと考えられていた仏教僧グナーナシハー（Henpitigedera Gnanasiha）が逮捕された（釈放されたのは一九六九年である）。第三章でも触れたように、彼はラーマンニャ派の僧侶で一九五三年からN・Q・ダヤスとともに活動を始め、全国各地に仏教徒協会を設立した。この組織は一九五六年の総選挙におけるS・W・R・D・バンダーラナーヤカの勝利に大きく貢献した[80]。その後この仏教僧がどのように政治に関わったかは必ずしも明らかではないが、スリランカ自由党との強力なつながりはもち続けたようである。彼は特にバンダーラナーヤカ夫人のスリランカ自由党のための活動家として知られていた。左翼政党を含むスリランカの政党はその中枢部に仏教僧をかかえることが通例となっていた[81]。明らかに彼はスリランカ自由党においてその役割を果たしていた。新聞には、グナーナシハーは「政府の親密な同調者であり、首相の強力な支持者」であると書かれた[82]。グナーナシハーは権威主義的な見解をもっていたともしばしば報告された。「ファシスト的傾向で知られる仏教僧」だとも、この党の「狂信派（fanatic wing）」内での彼の活動は、「在家信者の片割れ」であるN・Q・ダヤスに近いものがあるともいわれた。(83) 実際彼は一九六四年三月には独裁政権の樹立を支持する公開書簡を全国紙に送った。(84)

このクーデター未遂事件後、ダヤスの名が新聞やイギリスの行政文書に現れることはほとんどなくなったようにみえる。彼は、バンダーラナーヤカ夫人が再度政権を担うことになった一九七〇年にはインド駐在の高等弁務官となった。しかしこの頃にはダヤスの政治的影響力は明らかにほとんど消失していた。

8　おわりに

独立後のスリランカにおいてシンハラ仏教ナショナリズムに基づく政策が本格的に採用され始めたのはS・W・R・D・バンダーラナーヤカが首相に選出された一九五六年というよりも、彼の妻の政権が成立した一九六〇年であったという方が正確である。バンダーラナーヤカ夫人の政治姿勢は暗殺された夫のそれとは大きく異なっていた。彼女の政権においては、一九五六年に公開された『仏教への裏切り』として知られる仏教委員会の報告書の提言が着実に実行されていった。そしてその施策を進めた中心人物の一人は明らかにN・Q・ダヤスであった。彼はそもそもこの報告書作成を支えた重要人物であったが、国防外交常任長官就任後は夫人のもっとも重要な側近の一人としてきわめて大きな権力を行使した。ダヤスが関わった施策のなかでおそらくもっとも重要なものは、軍隊や行政の仏教徒化であった。彼はBJBという組織に関わり、人事において仏教徒を優先し、軍隊や行政の仏教徒化を進める上で重要な役割を果たした。また彼は軍隊内に過激な仏教ナショナリズムを信奉する集団をつくり、北部地域における軍の駐屯を拡大した。さらに彼はタミル人との明確な対決姿勢をとった。それらが民族的な関係悪化を招いた大きな原因の一つとなったことは間違いない。

ところで、ダヤスとカーストの関係はいかなるものであったのであろうか。ダヤスが非ゴイガマのカラーワに属していたことはバンダーラナーヤカ夫人にある種の安心感を与えたことは間違いない。少なくとも当時のスリランカにおいては非ゴイガマが最高権力者となることは非常に困難であり、通常の政治過程を経てダヤスが夫人の権力を脅かす可能性はほとんどなかった。ダヤスもおそらくその点を十分に認識しており、政治的野心の表明などという無意味な選択が彼の言動から完全に排除されていた可能性は十分にある。当時のダヤスを同僚として身近にみてきたジャヤウィーラは、ダヤスには政治的野心はなかったと述べているが[85]、それはダヤスの合理的な選択の結果であったとも考えられる。

しかし彼は本当に政治的野心をもっていなかったのであろうか。十分な能力とシンハラ仏教ナショナリズムに基づく国家の実現という強い願望をもった人物が、最高の権力を行使することによってその夢を果たしたいと考えることはなかったのであろうか。イギリスの行政文書には「首相職を狙うほどの政治的野心をもっているという世評がある」と記されているが、そうした可能性も考慮すべきであると思われる。しかし何度も述べるように、非ゴイガマである彼が通常の民主的プロセスを通してその目標を実現することは非常に困難であった。一九六四年には彼は権威主義的体制の樹立を考えていたという見方もあったが、その選択はある意味きわめて合理的である。(86)

一九六六年のクーデター未遂事件へのダヤスの関与は証拠不十分のため明らかにされなかったが、その可能性が全くなかったとはいえない。さらに、たとえダヤスが直接関わっていなかったとしても、軍内部への彼の強力な影響力を考慮すればクーデター成功後にはダヤスを中心とする政権が生まれた可能性も否定できない。しかしもちろんこれらは推測に過ぎない。さらなる史料の発掘によって明らかにされる問題であると思われる。

【注】

（1） Ceylonese Futures, British High Commissioner to Secretary of State, 8 July 1971, FCO 37/789, National Archives, London.

（2） S. Thondaman, *Tea and Politics: An Autobiography*, Vol. 2: *My Life and Times* (Colombo: Vijitha Yapa Bookshop, 1994), p. 186.

（3） Ceylonese Futures, British High Commissioner to Secretary of State, 8 July 1971, FCO 37/789,

National Archives, London.

(4) Ceylon and the Maldives: Sir Michael Walker's Valedictory Despatch, 15 November 1965, DO 196/324, National Archives, London.

(5) Ceylon: The First Year of the National Government, 17 March 1966, DO 196/324, National Archives, London; The Ceylon Daily News, *Parliaments of Ceylon 1960* (Colombo: Lake House, c. 1960), p. 180.

(6) A. Jeyaratnam Wilson, 'Buddhism in Ceylon Politics, 1960–1965', in Donald E. Smith (ed.), *South Asian Politics and Religion* (Princeton: Princeton University Press, 1966), p. 521.

(7) Michael Roberts, *Exploring Confrontation: Sri Lanka: Politics, Culture and History* (Chur, Switzerland: Harwood Academic Publishers, 1994), p. 260; Nira Wickramasinghe, *Sri Lanka in the Modern Age: A History of Contested Identities* (Colombo: Vijitha Yapa Publications, 2006), p. 161.

(8) Meeting with Mrs Bandaranaike, 27 June 1969, FCO 37/343, National Archives, London.

(9) Clearing-Up Operation in Ceylon, 27 April 1966, DO 196/324, National Archives, London.

(10) Ceylon: Annual Review of Activities, British Information Services, 5 July 1965, DO 192/31, National Archives, London.

(11) 川島耕司「スリランカのカトリック・コミュニティと宗教的ナショナリズム」『政治研究』国士舘大学政治研究所、第二号、二〇一一年、三六〜三九頁。

(12) De Votta, *Blowback*, pp. 157–58; Wilson, *Politics in Sri Lanka*, p. 21.

(13) Thondaman, *Tea and Politics*, p. 182.

(14) Deborah Winslow, 'Introduction', in Deborah Winslow and Michael D. Woost (eds.), *Economy, Culture, and Civil War in Sri Lanka* (Bloomington and Indianapolis: Indiana University Press, 2004), p. 35.

(15) Donald L. Horowitz, *Coup Theories and Officers' Motives: Sri Lanka in Comparative Perspective* (Princeton, N.J.: Princeton University Press, 1980), p. 157.

(16) Neil De Votta, *Blowback: Linguistic Nationalism, Institutional Decay, and Ethnic Conflict in Sri Lanka* (Stanford: Stanford University Press, 2004), p. 122.

(17) Mr. N. Q. Dias, From British High Commissioner, June 1964, DO 196/322, National Archives, London.

(18) G. D. Anderson, British High Commission, Colombo, to A. J. Brown, 18 March 1966, DO 196/324, National Archives, London; Mr. N. Q. Dias, From British High Commissioner, June 1964, DO 196/322, National Archives, London; Ceylon: Foreign Policy, 16 July 1964, OD 20/259, National Archives, London.

(19) Neville Jayaweera, *Jaffna: Exorcising the Past and Holding the Vision: An Autobiographical Reflection on the Ethnic Conflict* (Maharagama: Ravaya Publishers, 2014), p. 69.

(20) S. Thondaman, *Tea and Politics: An Autobiography*, Vol. 2: *My Life and Times* (Colombo: Vijitha Yapa Bookshop, 1994), p. 186.

(21) ネヴィル・ジャヤウィーラ氏へのインタヴュー、二〇一二年四月二六日、ロンドン郊外にて。

(22) Ceylon: Foreign Policy, 16 July 1964, OD 20/259, National Archives, London.

(23) Mr. N. Q. Dias, From British High Commissioner, June 1964, DO 196/322, National Archives,

London.

(24) W. J. Watts, British High Commission, Colombo, 4 December 1964, DO 170/53, National Archives, London.

(25) Ceylon: Foreign Policy, 16 July 1964, OD 20/259, National Archives, London.

(26) Ceylon: Education Policy, DO163/1, National Archives, London.

(27) *The Betrayal of Buddhism: An Abridged Version of the Report of the Buddhist Committee of Inquiry* (Balangoda: Dharmavijaya Press, 1956), pp. 78, 83, 97.

(28) Donald E. Smith, 'The Sinhalese Buddhist Revolution', in Donald E. Smith (ed.). *South Asian Politics and Religion* (Princeton: Princeton University Press, 1966), p. 482.

(29) Office of the High Commissioner, Colombo, 26 August 1959, DO 35/8956, National Archives, London.

(30) Smith, 'The Sinhalese Buddhist Revolution', pp. 483–85. 仏教僧が運営するピリウェナ(pirivena)と呼ばれる学校にはこの法律は適用されなかった。

(31) Smith, 'The Sinhalese Buddhist Revolution', pp. 484, 485; *Final Report of the National Education Commission, 1961, Sessional Paper XVII-1962* (Colombo: Government Press, 1962), p. 139.

(32) A. Jeyaratnam Wilson, *Politics in Sri Lanka, 1947–1979* (London and Basingstoke: Macmillan, 1979), pp. 21, 129; A. Jeyaratnam Wilson, 'Buddhism in Ceylon Politics, 1660–1965', in Donald E. Smith (ed.), *South Asian Politics and Religion* (Princeton: Princeton University Press, 1966), pp. 522–23.

(33) Robert N. Kearney, *The Politics of Ceylon (Sri Lanka)* (Ithaca, N.Y.: Cornell University Press, 1973), p. 196; A. Jeyaratnam Wilson, *S. J. V. Chelvanayakam and the Crisis of Sri Lankan Tamil Nationalism, 1947–1977* (London: Hurst, 1994), pp. 95–96.

(34) From Colombo to Commonwealth Relations Office, Internal Political Situation, 6 March 1966, DO 196/324, National Archives, London. 空軍においてはダヤスのこの試みはあまり成功しなかった。The alleged Coup in February 1966, 11 July 1966, DO 196/324, National Archives, London.

(35) Ceylon: Armed Forces and Politics, 15 July 1964, OD 20/259, National Archives, London.

(36) Ceylon: Foreign Policy, 16 July 1964, OD 20/259, National Archives, London.

(37) K. M. de Silva and Howard Wriggins, *J. R. Jayewardene of Sri Lanka: A Political Biography*, Vol. II: *From 1956 to His Retirement* (Colombo: J. R. Jayawardene Cultural Centre, 1994), p. 155.

(38) Ceylon: Armed Forces and Politics, 15 July 1964, OD 20/259, National Archives, London.

(39) The February "Plot" (or "Coup") 1966, 5 May 1966, DO 196/324, National Archives, London.

(40) Sri Lanka Army, The Gamunu Watch, http://www.army.lk/highlanders/（二〇一六年一一月一一日にアクセス）、British High Commission, Colombo, 26 March 1964, DO 196/321, National Archives, London. 当時のイギリスの行政文書には、シンハラ連隊第一大隊と呼ばれる組織名も記されている。これは後述する一九六二年のクーデター未遂事件以後につくられた「極端にナショナリスト的」な軍隊組織で、「ダヤスの所有物（Dias' Own）」とも呼ばれ、バンダーラナーヤカ首相と彼女の腹心（henchman）であるN・Q・ダヤスの「どんな命令でも」実行すると報告された。この「シンハラ連隊」という組織が何を指すのかは必ずしも明らかではないが、当時「シンハ連隊」という組織が存在していたことは事実である。イギリス行政文書がこの両者およびギャムヌ・ウォッチ連隊を混同した可能性はある。いずれにしてもダヤスにきわめて忠実な部隊が存在したことは間違いない。W. J. Watts, British High Commission, 11 November 1964, DO 196/322, National Archives, London.

(41) From Colombo to Commonwealth Relations Office, Internal Political Situation, 6 March 1966, DO 196/324, National Archives, London.

(42) Ceylon: Armed Forces and Politics, 15 July 1964, OD 20/259, National Archives, London. 当時、マルクス主義者主導のストライキなどの労働問題に対しても、軍隊が使われていた。Ceylon: Armed Forces and Politics, 15 July 1964, OD 20/259, National Archives, London.

(43) De Votta, *Blowback*, p. 127.

(44) Jayaweera, *Jaffna*, pp. 108–109.

(45) Ceylon: Armed Forces and Politics, 15 July 1964, OD 20/259, National Archives, London.

(46) British High Commission, Colombo, 26 March 1964, DO 196/321, National Archives, London.

(47) Jayaweera, *Jaffna*, pp. 70–72. こうした不法移民の取り締まりは、多くのタミル人たちの不満をさらに高めることになった。北部のタミル人たちの多くはその地で生まれていたとしてもそれを証明するのは困難であったため、出生証明書のない者は不法移民とされ、国籍を失うこともあった。Notes on Visit to Jaffna, G. D. Anderson, 23 September 1964, DO 196/322, National Archives, London.

(48) *The Ceylon Daily News*, 11 March 1961.

(49) *Economist*, 11 March 1961, in Behind Mrs Bandaranaike, DO 189/218, National Archives,

London.

(50) Ceylon: Armed Forces and Politics, 15 July 1964, OD 20/259, National Archives, London; De Silva and Wriggins, *J. R. Jayewardene of Sri Lanka*, p. 109.

(51) De Silva and Wriggins, *J. R. Jayewardene of Sri Lanka*, pp. 108–109.

(52) Donald L. Horowitz, *Coup Theories and Officers - Motives: Sri Lanka in Comparative Perspective* (Princeton, N.J.: Princeton University Press, 1980), pp. 26, 27, 80.

(53) Ceylon: Armed Forces and Politics, 15 July 1964, OD 20/259, National Archives, London.

(54) De Silva and Wriggins, *J. R. Jayewardene of Sri Lanka*, pp. 108, 117–18.

(55) De Silva and Wriggins, *J. R. Jayewardene of Sri Lanka*, pp. 108, 117–18.

(56) Smith, 'The Sinhalese Buddhist Revolution', pp. 487–88.

(57) *The Betrayal of Buddhism*, p. 113.

(58) Ceylon: The Resurgence of Buddhism and its Effect on the Christian Community, 15 January 1965, DO 170/53, National Archives, London.

(59) W. A. Wiswa Warnapala, *The Sri Lankan Political Scene* (New Delhi: Navrang, 1993), p. 226; The Bauddha Jathika Balavegaya, *Catholic Action: A Menace to Peace and Goodwill, A Reply to the Catholic Union of Ceylon* (Colombo: The Bauddha Pracharaka Press, 1963), Forword.

(60) Mr. N. Q. Dias, From British High Commissioner, June 1964, DO 196/322, National Archives, London; De Silva and Wriggins, *J. R. Jayewardene of Sri Lanka*, p. 108.

(61) W. A. Wiswa Warnapala, *The Sri Lankan Political Scene* (New Delhi: Navrang, 1993), p. 227–28.

(62) 山﨑由紀「極右を求めた社会改革―アメリカにおける第二世代カトリック・アクションの担い手たち―」『敬和学園大学研究紀要』二二号、二〇一三年、二二三頁。

(63) The Bauddha Jathika Balavegaya, *Catholic Action*, pp. 117, 124; 川島耕司「スリランカのカトリック・コミュニティと宗教的ナショナリズム」三九～四二頁。

(64) 鈴木正崇『スリランカの宗教と社会―化人類学的考察―』春秋社、一九九六年、九五、一一六頁。

(65) *The Betrayal of Buddhism*, pp. 104–108.

(66) Ceylon: The Resurgence of Buddhism and its Effect on the Christian Community, 15 January 1965, DO 170/53, National Archives, London; Extract from Ceylon Fortnightly Summary for the Period 14 August to 27 August, 1964, DO 196/322, National Archives, London; De Silva and Wriggins, *J. R. Jayewardene of Sri Lanka*, p. 122.

(67) *The Times*, 29 December 1966, in DO 196/324, National Archives, London.

(68) George D. Bond, *The Buddhist Revival in Sri Lanka: Religious Tradition, Reinterpretation and Response* (Motilal Banarsidass: Delhi, 1992, 1st published 1988), pp. 96–97.

(69) W. J. Watts, British High Commission, 4 July 1964, DO 196/322, National Archives, London.

(70) Ceylon: The Defeat of Mrs. Bandaranaike's Government, 26 January 1965, DO 196/323, National Archives, London; Ceylon and the Maldives: Sir Michael Walker's Valedictory Despatch, 15 November 1965, DO 196/324, National Archives, London.

(71) The February "Plot" (or "Coup") 1966, 5 May 1966, DO 196/324, National Archives, London.

(72) From Colombo to Commonwealth Relations Office, Internal Political Situation, 6 March 1966, DO 196/324, National Archives, London.

(73) February Coup Plot, Calendar of Events, 5 May 1966, DO 196/324, National Archives, London.

(74) February Coup Plot, Calendar of Events, 5 May 1966, DO 196/324, National Archives, London; *The Ceylon Daily News*, 24 February 1966.

(75) Extract from Ceylon Fortnightly Summary No. 8, 1966, 6 April to 20 April, DO 196/324, National Archives, London.

(76) February Coup Plot, Calendar of Events, 5 May 1966, National Archives, London.

(77) *The Ceylon Daily News*, 24 February 1966.

(78) The February “Plot” (or “Coup”) 1966, 5 May 1966, DO 196/324, National Archives, London.

(79) Mr. N. Q. Dias, From British High Commissioner, June 1964, DO 196/322, National Archives, London.

(80) James Jupp, *Sri Lanka: Third World Democracy* (London: Frank Cass, 1978), p. 59.

(81) Jupp, *Sri Lanka*, p. 171.

(82) *Ceylon Observer*, 8 November 1964, DO 196/322, National Archives, London.

(83) The February “Plot” (or “Coup”) 1966, 5 May 1966, DO 196/324, National Archives, London; Ceylon Fortnightly Summary No. 22, 24 October to 6 November 1964, Political Situation, DO 196/324, National Archives, London. 捜査の対象となった者のなかに「ティッサ博士」と呼ばれる人物がいた。彼は「ウィクレマシンハ博士」とも呼ばれのだが、後にローハナ・ウィジェーウィーラ（Rohana Wijeweera）として知られることになるＪＶＰ（人民解放戦線）の指導者で

ある。当時の状況を報告したイギリスの国防アドヴァイザーも「ティッサ」という名に触れ、彼はソ連大使館の従業員であるとした。また、スニル・ヘワーゲという人物も捜査の対象になった。彼はタス通信の従業員で、在コロンボ・ソ連大使館の情報局に属し、共産主義者の青年リーダーであった。また、ティッサは彼の同郷人（compatriot）であるとも、仲間（sidekick）であるとも言われた。このクーデター計画に対するこれらの人々、あるいはソ連の関与に関してはほとんど何も明らかになっていない。De Silva and Wriggins, *J. R. Jayewardene of Sri Lanka*, p. 156; The February "Plot" (or "Coup") 1966, 5 May 1966, DO 196/324, National Archives, London; Jupp, *Sri Lanka*, p. 26.

（84）De Silva and Wriggins, *J. R. Jayewardene of Sri Lanka*, p. 128.

（85）ネヴィル・ジャヤウィーラ氏へのインタヴュー、二〇一二年四月一六日、ロンドン郊外にて。

（86）Mr. N. Q. Dias, From British High Commissioner, June 1964, DO 196/322, National Archives, London.

おわりに

一九五六年の総選挙でS・W・R・D・バンダーラナーヤカが「シンハラ・オンリー」政策を掲げて選挙戦を戦い、勝利したこと、そしてその妻シリマーウォー・バンダーラナーヤカがシンハラ仏教ナショナリズムに基づく政策を遂行し続けたことがスリランカにおける民族対立の深刻化に大きく寄与したことは明らかである。そしてそのどちらにおいてもカラーワの行政官であったN・Q・ダヤスはきわめて重要な役割を果たした。一九五六年の選挙の際、彼は彼自身がすでにつくり上げていた仏教徒のネットワークを使い、仏教委員会の全国的な調査活動を成功させた。この活動の成果はその後出版され、『仏教への裏切り』というタイトルで呼ばれることもあった。この書物がシンハラ人仏教徒の要求を明示化したことは、民族的な意識の高揚につながり、スリランカ自由党に勝利をもたらした重要な要因の一つとなった。またダヤスはL・H・メッターナンダらとともに仏教僧の組織化を成功させた。こうして動員された仏教僧たちの活動はバンダーラナーヤカのきわめて大きな勝因になった。イギリスの公文書には、一九五六年の選挙におけるS・W・R・D・バンダーラナーヤカの勝利に向けてダヤスは「傑出した役割」

を果たしたとある。(1) 当時彼の部下のような立場にあったジャヤウィーラによれば、この大勝利に向けて詳細な戦略を立てたのがダヤスであったことは「当時広く知られていた」事実であった。(2)

これはつまり、一九五六年の選挙においてナショナリズムを煽り、仏教僧の力を借りて選挙戦を戦うというシナリオを最初に考案したのはS・W・R・D・バンダーラナーヤカ自身ではなかったということでもある。バンダーラナーヤカが一九三〇年代にシンハラ至上主義的な団体をつくり、過激なナショナリスト的発言をしたことは事実である。しかし、シンハラ仏教ナショナリズムに心底コミットしていたとは言い難い。バンダーラナーヤカにとってナショナリズムは都合よく提示された道具の一つに過ぎなかった。彼が「シンハラ・オンリー」を選挙公約に入れたのは、選挙の数か月前のことであった。もともと彼はタミル語をも公用語化すべきだと考えていたのである。偏狭なナショナリズムからは明らかにかなりの距離をとろうとしていた。そのような野党党首にシンハラ至上主義的な公約を採用させた大きな原因が全国的に組織化されたナショナリストや仏教僧の勢力の激しい運動であったことは明らかであるし、N・Q・ダヤスはその点において間違いなく主導的な役割を果たしたのである。

しかし政権獲得後のバンダーラナーヤカは自らの政治的能力を信じて、偏狭なナショナリズムからは再び距離をとろうとした。マイノリティの利害にも配慮し、よく知られているように、タミル人たちの要求を大きく受け入れた協定をタミル人指導者との間で結んだ。このいわゆるバンダーラナーヤカ・セルワナーヤガム協定は両者の妥協の上に成立したものであったが、激しい批判のなかで破棄されることになった。それでもその後もバンダーラナーヤカは過激なナショナリストたちに完全に与することはなかった。彼らが求め続けたキリスト教学校などの民営化を彼は決して実行しなかった。[3] そのため首相のこのような態度を裏切りであると考えた人々は明らかに多かった。こうしたなかで首相は暗殺されたのである。暗殺の動機はイデオロギーではなく、経済的利害であったとされる。事件の真相は必ずしも十分には明らかにされていないのであるが、結果のみをみれば、この暗殺によって「偏狭で戦闘的な[4]」ナショナリストであると指摘されたダヤスを含む過激なナショナリストたちにとってはきわめて有利な状況が生まれることになった。

暗殺された夫の後を継ぐことになったバンダーラナーヤカ夫人の政治姿勢は夫とは大きく異なり、シンハラ仏教ナショナリズムにはきわめて親和的であった。彼女の第一次政権下でおそらく最も大きな影響力を発揮したのはダヤスであった。彼は夫人に重用され、「自由裁量権」とまでいわれる権力をもち、仏教徒の地位向上や仏教の国教化を目指した。軍隊や行政の仏教徒化を推し進め、ポーヤ日の休日化に向けて尽力した。また不法移民対策を口実として北部や東部への軍隊の駐留を進め、タミル人たちの抵抗を容赦なく弾圧した。新政権誕生直後に行われた学校の国有化やシンハラ語公用語政策の遂行にも明らかにダヤスは関わっていた。彼はまたＢＪＢという組織の形成に関与し、さまざまな組織のなかに彼らのイデオロギーに賛同する集団をつくっていった。こうして公的機関の仏教徒化が進み、偏狭なイデオロギーに強く影響を受けた軍隊による過酷な弾圧を経験するなかで、タミル人たちの団結と抵抗はさらに強まった。そしてそれは明らかにその後の内戦の一因となった。バンダーラナーヤカ夫人は「タミル人の軍事的闘争の母」だともいわれたのであるが、[5]一九六〇年代前半において彼女のそうした姿勢を最も強力に支えたのはダヤスであったのである。

N・Q・ダヤスはこのように、一九五〇年代から六〇年代にかけてのシンハラ仏教ナショナリズムの展開においてきわめて重要な役割を果たしたのであるが、ダヤスの出自とこのイデオロギーとの間には強い歴史的な結びつきがあった。彼はパーナドゥラの富裕なカラーワ・カーストの一族に生まれた。カラーワはサラーガマ、ドゥラーワとともに比較的新しい時期にインドから渡来したカースト集団で、植民地時代に大きく経済的に上昇したことでよく知られている。このカーストからは多くの富豪が生まれたが、パーナドゥラのダヤス家もその一つであった。植民地時代に莫大な富を蓄積した人々は一九世紀後半以降に活発になった仏教復興運動に深く関与した。この運動はもちろんカラーワの独占物ではなかった。セーナーナーヤカ一族などのゴイガマも参加していたし、他の非ゴイガマのエリートも加わっていた。しかし、パーナドゥラのカラーワの貢献は顕著であった。ダヤス家も仏教復興運動や禁酒運動における著名人を輩出した。カラーワなどの非ゴイガマの富裕層の多くはこうした活動を通して彼らの社会的、政治的地位の上昇を目指した。しかし皮肉なことではあるが、イギリスからの権限委譲が進むにつれて数的に圧倒するゴイガマ・エリートの政治的優越性はますます明確になった。普通選挙をもたらした一九三一年のドノモア憲法はその傾向を決定づけた。

N・Q・ダヤスがセイロン高等文官と呼ばれたエリート行政官として力をもち始めたとき、政治におけるゴイガマの優越性はほぼ確立されたものになっていた。スリランカにおけるカーストは明らかにインドほど過酷なものではなかった。明白な差別的言動は当時も減少しつつあった。しかし一九五〇年代においても、結婚、そして政治においては強い影響力をもっていた。公的、あるいは私的な組織においても地位が高くなるほどカーストが重要となるという「ガラスの天井」に似たメカニズムが働いていた。その結果、非ゴイガマのエリートが全国レベルの影響力を発揮することはきわめて難しかった。政治家の頂点である首相、大統領職のほぼすべてをゴイガマが占めているという現象はこの意味できわめて自然であるともいえる。ダヤス自身の究極的な野心がどのようなものであったかは明らかではない。イギリスの行政文書には「首相職を狙うほどの政治的野心をもっているという世評がある」などとも記されているが、彼がそれを直接表明することはおそらく決してなかった。[6] 実際、彼はエリート行政官の地位にとどまった。

シンハラ仏教ナショナリズムというより高次なアイデンティティ、あるいはイデオロギーに訴えることで、カーストという特殊性、あるいは非ゴイガマであることの限界をN・Q・ダヤスは乗り越えようとしたように思える。この戦術はより過激なナショナリズムを提示し、行動することによって、あるいはその帰結として民族的な対立がさらに激しくなることによって明らかにより有効に機能した。ダヤスはシンハラ仏教ナショナリズムに基づく政策の実現を強力に求めるという点で一貫していた。タミル人の要求に対しては常に対立を求め、優越的地位を確立するというダヤスのモットーはダヤス的戦術のきわめて合理的な帰結であった。[7] もちろんこの戦術を採用したのはダヤスのみではなかった。圧倒的にゴイガマが優勢であるという政治状況のなかで、多くの非ゴイガマのエリートがこの戦術を採用し、ナショナリズムを煽った。ダヤスの盟友のような立場にあったL・H・メッターナンダや、同時代人であるF・R・ジャヤスーリヤはカラーワであった。一九三〇年代に人種主義的な反移民運動を繰り広げたA・E・グナシンハも、一九八三年の反タミル暴動に深く関わったとされるシリル・マシューも非ゴイガマであった。あるいは、より近年の事例をみれば、二〇〇四年に設立された仏教僧を中心とする過激なナショナリスト政党であるJHU（Jathika Hela Urumaya, シンハラ民族の遺産）のメンバーの多くはアマラプラ・ニカーヤに属し、おそらく大半は非ゴイガマである。[8] 一九世紀後半からの仏教復興運動への非ゴイガマ・エリートたちの積極的な関与もまた、より高次のアイデンティティを主張することでカースト的制約を乗り越えようとする試みであったともいいうる。

別言すれば、これはカーストに対峙するのではなく、カースト的なものを回避、無視、あるいはある意味で隠蔽することでカーストを乗り越えようとする試みであったということもできるかもしれない。インドのように相対的に低位にあるカーストがカースト制度の存在自体を問題にすることも、あるいは自らのカーストの地位上昇を求めることも二〇世紀のスリランカではほとんどなかった。クシャトリヤ起源説やバラモン起源説を唱え、カーストの地位向上を図ろうとする動きが一九世紀にあったことは事実である。しかしそれ以後そうした動きはほとんどみられなくなった。また、ダヤスの周辺に多くの非ゴイガマ、特にカラーワが集まったことも事実である。たとえば、仏教委員会の多くは非ゴイガマ、あるいはカラーワであった。しかし、重要な点は、スリランカのシンハラ仏教ナショナリズムに関わる運動にはゴイガマの参加もあったし、非ゴイガマのエリートたちがそれを阻止しようとするような動きはなかったようにみえることである。彼らにとってはむしろゴイガマの参加があった方が好都合であったといえるかもしれない。

当時のカースト状況を考えれば、ダヤスが自らのカースト、特にカースト的制約を意識していたことは明らかである。しかし彼はそれを決して公的には表明しなかったようにみえるし、自らのカーストの人々を優遇することも少なくとも明示的にはしなかったようにみえる（その点で第二章でみたように同じサラーガマの農民の多くをポロンナルワ周辺に優先的に入植させたC・P・ダ・シルワとは異なっていたといえるかもしれない）。自らのカーストを優先するような行動は、より高次なアイデンティティに訴え、影響力を獲得するというダヤスの戦術に明らかに反するものであったからである。彼の活動はあくまで仏教のためであり、またシンハラ民族のためでなければならなかった。しかし、繰り返しになるが、そのこととダヤスにとってカーストは障害であったか否かということとはもちろん別問題である。ましてやスリランカ政治においてカーストが問題とならないということにはならない。事実は明らかにその逆である。マイノリティの心情や利害を軽視し、シンハラ仏教ナショナリズムに基づく政策を求めたエリートたちがこの国における民族問題の解決をより困難にしたことは確かであるが、そのようにエリートたちを動かした動因の一つにカーストの問題があったように思われるのである。

ところで社会的に低位にあるとされる集団に属するエリートが過激なイデオロギーを主張することで、あるいはより高次なアイデンティティに訴え、場合によっては積極的に対立をつくり出すことで、出自から来る限界を乗り越えようとするという戦術はどの程度の一般性をもつものなのであろうか。この点に関して、エスニックな対立と暴力との関係について検証したフェアロンとレイティンの議論が一定の示唆を与えてくれているように思われる。彼らは、マージナルな地位にある諸個人がその社会の優越性という信念を内面化し、それを証明するために劣位にあるとされる外集団の人々を攻撃することによって自集団に受容されるというメカニズムがあると指摘している。そしてその「悪名高き事例」として、「オーストリア人で半分ユダヤ人であったヒトラー」をあげている。(9) ただこうしたメカニズムに関してはいまだに十分には議論されていないように思われる。具体的事例を検討するなかで今後明らかにすべき問題であるように思われる。

【注】

（1） Mr. N. Q. Dias, From British High Commissioner, June 1964, DO 196/322, National Archives,

London.

（2） Neville Jayaweera, *Jaffna: Exorcising the Past and Holding the Vision: An Autobiographical Reflection on the Ethnic Conflict* (Maharagama: Ravaya Publishers, 2014), p. 76.

（3） K. M. de Silva and Howard Wriggins, *J. R. Jayewardene of Sri Lanka: A Political Biography, Vol. II: From 1956 to His Retirement* (Colombo: J. R. Jayawardene Cultural Centre, 1994), p. 83.

（4） Mr. N. Q. Dias, From British High Commissioner, June 1964, DO 196/322, National Archives, London.

（5） Neil De Votta, *Blowback: Linguistic Nationalism, Institutional Decay, and Ethnic Conflict in Sri Lanka* (Stanford: Stanford University Press, 2004), p. 122.

（6） Mr. N. Q. Dias, From British High Commissioner, June 1964, DO 196/322, National Archives, London.

（7） Neville Jayaweera, *Jaffna: Exorcising the Past and Holding the Vision*, p. 61.

（8） Iselin Frydenlund, 'The Sangha and its Relation to the Peace Process in Sri Lanka', PRIO Report, 2005. Oslo; International Peace Research Institute, https://www.files.ethz.ch/isn/38124/2005_01_SanghaRelationPeaceProcessSriLanka.pdf（二〇一八年四月一八日にアクセス）, p. 15; Jonathan A. Young, 'Refuge in the State: Buddhist Monks and Virtuous Governmentality', in John Clifford Holt (ed.), *Buddhist Extremists and Muslim Minorities: Religious Conflict in Contemporary Sri Lanka* (New York: Oxford University Press, 2016), p. 90.

（9） James D. Fearon and David D. Laitin, 'Violence and the Social Construction of Ethnic Identity', *International Organization*, 54,4 (Autumn 2000), p. 857.

あとがき

私は奉職する国士舘大学から在外研究の機会をいただき、二〇一一年から一二年にかけてロンドンに滞在した。本書はそのときに収集した一次史料および二次文献を中心に構成されたものである。イギリスに滞在中、ロンドン郊外のキュー地区にある国立公文書館に通い、スリランカに関するイギリス政府の行政文書を閲覧しつつ多くの日々を過ごした。本書が扱う中心人物であるN・Q・ダヤスに関連するいくつかの報告書等に出会ったのはそのときのことである。

帰国後私は収集した史料を整理し、N・Q・ダヤス、あるいは彼が属するカラーワ・カーストを中心としたスリランカ現代史を執筆しようと試み、少しずつその拙い成果を研究紀要に発表した。本書はそれらを加筆修正し、一つの書としてまとめたものである。各章は概ね以下の論文に対応している。

第一章「スリランカ政治とカラーワ・カースト」『政治研究』国士舘大学政治研究所、第四号、二〇一三年、三七～五七頁。

第二章「一九五〇年代スリランカにおける非ゴイガマ政治家とカースト」『政治研究』国士舘大学政治研究所、六号、二〇一五年、一～二四頁。

第三章 「スリランカにおける一九五六年の政治変革とカースト」『政治研究』国士舘大学政治研究所、五号、二〇一四年、一三～三七頁。
第四章 「バンダーラナーヤカとシンハラ・ナショナリズム―二人のカラーワ・エリートに注目して―」『政治研究』国士舘大学政治研究所、七号、二〇一六年、五五～七八頁。
第五章 「一九六〇年代のスリランカ政治とN・Q・ダヤス」『政経論叢』国士舘大学政経学会、一七九号、二〇一七年三月、一～二三頁。

本書の作成においてはたくさんの方々にお世話になった。ロンドン滞在中に、N・Q・ダヤスに関するインタビューに快く応じていただいたネヴィル・ジャヤウィーラ氏には心から感謝申し上げたい。本書の多くの着想は、このインタビューおよび氏自らが執筆された回顧録に負っている。マイケル・ロバーツ氏にはジャヤウィーラ氏をご紹介いただき、また貴重なアドヴァイスをいただいた。澁谷利雄氏、高桑史子氏、執行一利氏にも貴重なご教示をいただいた。石見豊氏には出版に関するご助言をいただいた。心からの感謝を申し上げたい。本書の出版を引き受けていただいた株式会社芦書房の中山元春氏にも深謝申し上げたい。
最後に、本書は平成三〇年度国士舘大学出版助成を得て出版されたものであることを記したい。

民族問題　10, 12, 140, 194

【む】

ムーア人　45
ムスリム　45, 52, 54, 86, 102, 120
ムダリヤール　27, 43
村　54

【め】

メイア，ゴルダ・　151
メッターナンダ, L. H.　40, 62, 90, 98, 99, 103, 106, 109, 117, 126–128, 131, 135, 136, 140, 141, 146, 163, 167, 187, 192
メディア　8, 9, 126, 155, 163

【も】

モスク　45, 86
モラトゥワ　25—28, 33, 85

【や】

ヤシ　23

【ゆ】

結城大使　123
郵便局　153
ユダヤ人　194
ユニヴァーシティ・カレッジ　92

【よ】

ヨーロッパ　45
ヨーロッパ人　35, 52, 53

【ら】

ラージャカーリヤ　23, 43, 45
ラージャパクサ，チューダー・　62
ラージャパクサ，マヒンダ・　8
ラージャラトナム，C. S.　84
ラージャラトネ，K. M. P.　119, 120, 130, 131
ラーマナータン，ポンナンバラム・　35, 36
ラーマンニャ・ニカーヤ　89, 90, 97, 101, 173
ライアン，ブライス・　55, 72, 73
ラダラ　18, 69, 98, 101
ラテン語　99
ラトナプラ　88, 96–98, 123
ランカ国民活動家フォーラム　103
ランカ国民グル協会　105
ランカ国民シンハラ活動協議会　130
ランカディーパ　131
ランカ統一比丘同盟　88
ランカ平等社会党　38, 87, 171
ランコット寺院　33

【り】

リーダー　10, 11, 38, 65
陸軍　128, 172
陸軍基金　172
リッチモンド・カレッジ　61
立法評議会　35, 45
立法評議会時代　82

【れ】

レイク・ハウス　90, 171
恋愛結婚　56
連邦制構想　143
連邦党　129, 159, 160

【ろ】

労働者階級　27
労働争議　171
労働問題　181
ロディヤ　6, 18, 19, 21, 49, 50, 57
ロビー活動　37
論争　31
ロンドン　68, 92, 154
ロンドン大学　61

【わ】

ワフンプラ　7, 18, 20, 32, 38

仏教への裏切り　127, 174, 187
仏歯寺　121, 124
ブッダ　17
ブッダ・ジャヤンティ　105, 124
ブッダ入滅　105, 124
ブッダラッキタ，マーピティガマ・　99, 100, 134–137
仏法　93
不法移民　132, 162, 163, 181, 189
富裕層　17, 24, 29
ブラック・ウォッチ　161
プランター　32
プランテーション　26, 27, 30–32, 39, 52
ブリティッシュ・レイランド　66
プレマダーサ，ラナシンハ・　8
文化局長　96, 124, 154
文化省　121, 124, 125, 128
分権化　119

【へ】

ペッター地区　62
ヘッドマン　20, 54, 58, 73
ベラワー　57, 58, 76
フェルナンド，N. S.　32
ペレーラー，E. W.　85
ペレーラー，ジョージ・　92
ペレーラー，K. K. U.　136
ペレーラー，N. M.　170
ペレーラー，ムダリヤール・アンディリス・　33
ヘワーゲ，スニル・　185
ベンタラ・エルピティヤ選挙区　78

【ほ】

ボイコット　86
封建制度　50
暴動　45, 120
暴力　60, 194
ホームランド　121
ポーヤ日　93, 168–170, 189
保健大臣　136
母語　119
保守層　171
ポルトガル　92
ポロンナルワ　66, 67, 85, 193
ポンナンバラム, G. G.　84, 130

【ま】

マータラ　26
マータレー　20
マーラムッラ　91
マイノリティ　50, 73, 84, 85, 109, 117, 119, 129, 132, 140, 188, 193
マウント・ラヴィニヤ　66
マシュー，シリル・　192
魔術　19
魔術師　171
マジョリティ　84, 102, 132
マスメディア　171
マドラス州　119
マニフェスト　120
マハー・サンガ評議会　125
マハーバーラタ　24
マハーワンサ　85
マハウェリ川　48
マラダーナ地区　62
マラヤーリ人　22
マララセーカラ，G. P.　62, 91, 92
マルクス主義者　70, 158, 181
マルクス主義政党　105
マルワッテ支派　101
満月　168
満月日　170

【み】

見合い結婚　56
密輸　162, 163
ミドルクラス　171
南インド　22, 23, 65
ミランドー，R. A.　32
民主主義　85
民族　82
民族運動　87
民族服　32
民族紛争　10

159, 165, 166, 169–171, 173–175, 187,189, 190
バンダーラナーヤカ・セルワナーヤガム協定　129–132, 140, 188
バンダーラナーヤカ，S. W. R. D.　10, 12, 40, 66–69, 83, 86, 87, 98, 100, 102, 103, 105, 106, 117–123, 125–129, 131, 132, 134–138, 140, 141, 150, 154, 157, 158, 161, 173, 174, 187, 180, 188
バンダーラナーヤカ，フェリックス・ダヤス・　69, 158, 165
バンダーラナーヤカ夫人→バンダーラナーヤカ，シリマーウォー・
反タミル感情　84
反タミル暴動　131, 192
反帝国主義闘争　98
ハンバントタ　85
反ムーア人暴動　33

【ひ】

非ゴイガマ　7–9, 12, 36–38, 47, 50, 52, 55, 60–62, 65, 68–70, 72–74, 81, 89, 101, 145, 149, 175, 176, 190–193
非シンハラ人　156
ヒトラー　194
非仏教徒　156
非暴力抵抗運動　159
病院　58
被抑圧カースト　42
ピリウェナ　89, 179
ビルマ　137
ヒンドゥー教　25
ヒンドゥー教徒　54, 86

【ふ】

ファシスト　174
フィフティ・フィフティ　84
賦役労働　43
フェルナンド，マーカス・　35, 36
フォンセーカ，サラット・　8, 9
布薩　168
武装抵抗　122
普通選挙　36, 47, 82, 107, 190
普通選挙制度　9
仏教　53, 62, 88, 149, 193
仏教委員会　87–89, 91, 92, 95, 106, 108, 109, 121, 123, 126–128, 168, 169, 174, 187
仏教学校　124
仏教国民軍　126
仏教寺院　93
仏教事典　124
仏教振興策　125
仏教青年会　124
仏教宣教師　124
仏教戦線（Baudha Peramuna）　167
仏教僧　6, 19, 31, 87, 89, 90, 93, 95, 97, 98, 100–107, 121–123, 125, 127, 133, 135, 138, 174, 179, 187, 188, 192
仏教僧養成学校　38
仏教大学　121, 125
仏教調査委員会→仏教委員会
仏教徒　6, 17, 25, 28, 31, 33, 38, 54, 61, 63, 88, 94, 97, 101, 105, 126, 128, 130, 161, 167, 187
仏教徒英語学校　62
仏教徒化　96, 99, 166, 175, 189
仏教徒学校　63
仏教徒神智協会　32, 61, 83, 157
仏教徒協会　98
仏教徒協会全セイロン会議　88
仏教徒国民軍　99, 166
仏教徒年代記　63
仏教徒評議会　93
仏教ナショナリスト　149, 157
仏教普及協会　166
仏教復興運動　12, 25, 31, 32, 39, 47, 61, 62, 74, 125, 157, 190, 192

【て】
低位カースト　6, 18, 21, 38, 52, 54–60, 67, 73
低地　28, 55
低地シンハラ人　84, 150
ティッサ博士　184
【と】
統一国民党　52, 58, 59, 64, 69, 70, 74, 86, 88, 105, 106, 118, 123, 132, 170, 171
統一比丘戦線　100, 101, 104, 105, 108, 121, 123, 135, 136
闘鶏場　27
党首　69, 70
ドゥトゥギャムヌ　97, 161
東洋研究学院　92
ドゥラーワ　9, 20, 22–26, 37, 38, 44, 57, 65, 90, 190
トゥリ・シンハラ戦線　86, 131, 145
登録局長官　96
得度　90
土地所有　9
トディ　23, 162
ドノモア委員会　82
ドノモア憲法　36, 39, 47, 52, 83–85, 107, 191
ドライ・ゾーン　66, 67
トリニティ・カレッジ　96
トロツキスト　171
トンダマーン，S.　73, 150
【な】
ナーランダ・カレッジ　92
内婚規制　55
内戦　21
ナショナリスト　117, 119–121, 152, 158, 188, 189
ナショナリズム　38, 63, 92, 117, 118, 133, 139, 141, 149, 188, 191, 192
ナショナル・ドレス　121
【に】
ニカーヤ　6, 17, 54, 89, 101
ニゴンボ　25, 42
尼僧　128, 166
日曜日　168, 170
日本国大使館　108, 122, 138
入植　129
入植地　7
【の】
農業　129
農業国土大臣　65
農村　54
農村地域　53
【は】
バーガー　35, 45, 52
パーナドゥラ　26, 28, 32–34, 86, 91, 95, 107, 154, 173, 190
パーリ語　85, 92, 168
陪審員　138
白衣　168
ハクル　18
バザール　58, 120
機織り　76
八戒　168
バッティカロア　120
パドゥ　18
バトゥガマ　7, 18, 20, 38
ハラーガマ　71
バラピティヤ　63, 65, 66, 78
バラモン　54, 192
パラワ　24
パリティ　104
反インド人感情　86
反カトリック感情　158
ハンガリー人　128
反キリスト教宣伝　85
反ゴイガマ感情　38
バンダーラウェラ　130
バンダーラナーヤカ，シリマーウォー・　10, 12, 18, 69, 96, 133, 139, 141, 150–156, 158,

セーナーナーヤカ一族 190
セーナーナーヤカ，ダッドリー・ 70, 165
セルワナーヤガム，S. J. V. 119, 129, 159, 160
選挙 72, 85
センサス 19
戦士カースト 24
占星術 76
全セイロン・タミル会議 84
全セイロン統一比丘会議 157
全セイロン比丘会議 135
全セイロン仏教徒会議 63, 88, 91, 92, 124, 167
セント・トマス・カレッジ 66
専門職 26, 30, 31, 58
全ランカ比丘会議 100, 108

【そ】

ソイサー，ジェロニス・ 29
僧院 124
ソーマラーマ，タルドゥウェー・ 133, 134, 138
ソ連 185
村落 48

【た】

タール塗り 132
大統領 71
ダ・シルワ，C. P. 37, 48, 64–66, 67–70, 74, 139, 171, 193
ダ・シルワ，W. A. 62, 83, 91, 92, 111
多数派支配 37
タス通信 185
タバコ 29
ダハナーヤカ，ウィジャヤナンダ・ 68, 139
タブー 5, 21
タミル 45
タミル・イーラム解放のトラ 25, 42
タミル語 24, 25, 102, 104, 118–120, 129, 159, 188
タミル人 22, 25, 52, 81, 84, 85, 104, 105, 109, 120, 121, 131, 152, 158, 160, 164, 181, 188–190, 192
タミル人叩き 162, 163
ダヤシリ 15
ダヤス，N. Q. 9–12, 15, 34, 40, 66, 79, 81, 90–92, 95, 98–100, 103, 107, 109, 117, 122, 123, 125–127, 133, 135, 140, 141, 149, 153–156, 160–163, 165–167, 169, 171, 173, 174, 180, 187, 188–191, 193
ダヤス，アーサー・V. 33, 34, 91
ダヤス家 33, 190
ダヤス，ジェレミアス・ 33
ダヤス，セレスティナー・ 33
ダヤス，ハリー・ 33
ダルマ・ヴィジャヤ 98
ダルマ・ヴィジャヤ・プレス 91, 98
ダルマパーラ，アナガーリカ・ 32, 44
ダルマラージャ・カレッジ 99
タンガッラ 7
断食 119, 131
ダンマ学校 124, 125

【ち】

地域サンガ評議会 125
地方政府 119
中央高地 26–29, 89
中間カースト 38
中等教育 30, 61
徴収権 27
徴税 34, 43
チラウ 7, 25

【つ】

ツァー 155

私立学校　158
私立学校の国有化　164
新月　168
人種　22
人種的憎悪　152
シンハラ　45
シンハラ・オンリー　10, 82, 87, 98, 102–104, 107, 118, 187, 188
シンハラ化　22, 65, 153, 163, 166
シンハラ言語戦線　131
シンハラ語　22, 25, 62, 102–104, 118, 129, 153, 159
シンハラ語化政策　153, 159, 160
シンハラ語公用語政策　164, 189
シンハラ至上主義　141, 188
シンハラ社会　59
シンハラ人　52, 81, 85, 87, 121, 129, 130, 132, 143, 152
シンハラ人会議　83
シンハラ人種　119
シンハラ人仏教徒　83, 102, 156, 161
シンハラ人暴徒　45, 120
シンハラ大協会　83, 140
シンハラ仏教ナショナリスト　130, 139–141, 153, 158
シンハラ仏教ナショナリズム　10, 12, 74, 81, 82, 90, 97, 99, 108, 109, 118, 126, 129, 140, 141, 152, 155, 160, 163, 174, 175, 187–191, 193, 194
シンハラ文化　86
シンハラ民族　193
シンハラ民族協会　103, 131, 145
シンハラ民族の遺産　192
シンハラ文字　132
シンハラ連隊　180
シンハ連隊　180
進歩的比丘戦線　131
人民解放戦線→JVP
人民統一戦線　106, 107
新ランカ平等社会党　104

【す】

水田　23
スタブス，R. E.　83
スパイス　29
スラム　56
スリランカ自由社会党　70
スリランカ自由党　63, 66–70, 74, 86, 87, 100, 102, 119, 134, 136, 139, 151, 152, 158, 161, 171–173, 187
スリランカ・シンハラ民族協会　145
スリランカ大仏教僧会議　135
スリランカ大仏教僧協会　100, 108
スリランカ仏教僧会議　131

【せ】

政治改革　34
政治的比丘　104, 107
青年仏教徒協会　88, 105
政府および地方行政府公務員仏教徒協会　100
西洋化　26, 54, 101, 105
セイロン化　52
セイロン改革連盟　35
セイロン高等文官　66, 94, 96, 112, 122, 123, 154, 155, 191
セイロン国民会議　35
セイロン史　62
セイロン人　35, 39, 53, 96
セイロン大学　92, 119
セイロン・タミル人　35, 84, 85, 87, 102
セイロン知事　83
セイロン・ユニヴァーシティ・カレッジ　66
セーナーナーヤカ，D. S.　32, 67, 123
セーナーナーヤカ・F. R.　32, 86
セーナーナーヤカ，R. G.　86

ロン改革　34
国土開発食糧生産長官　66
国土開発長官　67
国防外交常任長官　94, 96, 154, 169, 171
国民統合　82, 164
国有化　156, 158, 160
ココナッツ　23
コスター，N. E.　51, 53, 54, 72
ゴダムンネ　130
コタラーワラ，サー・ジョン・　32, 165
国家評議会　52, 63, 102, 140
国教化　126
戸別訪問　108, 135
コミュナリスト　118
コミュナリズム　83, 86, 102
コミュナル　82, 85, 135
コミュナル議席　82
コミュナル暴動　86
コミュニスト　52
米税　27
コロンボ　25, 26, 27, 30, 35, 92

【さ】

在家信者　31, 88, 89, 95, 102, 117, 125, 167
裁判所　153
財務長官　124, 128
サティヤグラハ　120, 129, 131, 159, 160, 162, 163
サバラガムワ　98
サマンガラ，ヒッカドゥエ・スリー・　125
サラーガマ　9, 20, 22–24, 26, 32, 34, 37, 48, 52, 55, 57, 62, 65–67, 69, 70, 74, 77, 78, 90, 190, 193
サリー　32
サンガ・サバ　100
サンスクリット　24

【し】

寺院　49, 124, 125
寺院仏教保護協会　125
シーラワンサ，タルパウィラ・　135
ジェンダー　21
塩　29
私企業　58
死刑　19, 134
自国語運動　102
自国語派の双子　131
自集団　194
市場経済　26, 27
自尊感情　62
自治国家　130
自治領　11
自治領省　11
執行委員会　136
シナモン　23, 32, 65
市評議会　35
事務弁護士　66, 84
ジャーナリズム　21
ジャフナ　25, 132, 162
ジャフナ・タミル人　132
シャム・ニカーヤ　6, 60, 89, 90, 101
ジャヤウィーラ，ネヴィル・　122, 123, 146, 155, 162, 175, 178, 185, 188
ジャヤスーリヤ，F. R.　119, 130, 131, 135, 192
ジャヤワルダナ，H. P.　134, 136
ジャヤワルダナ，J. R.　11, 102, 130, 132
宗教　82, 117
宗教的帰属　54
宗教的コミュニティ　86
宗教的マイノリティ　105, 139
自由裁量権　155
シュードラ　24
呪術　19
首相　8, 71, 74
出生証明書　181
上座仏教　168
植民地　17, 26–28, 30, 81, 93
植民地期　47
植民地時代　65, 156, 190
植民地政府　19, 34, 35, 43, 82
女性　42, 73
助成校　94, 157, 158

キャンディ王国　19, 90, 150
ギャンブル　27
教育　9, 26, 30, 61, 93, 94, 129
教育委員会　167
教育制度　156
教育大臣　127
共産主義　121, 134
共産主義者　52, 185
共産党　38, 104
教師　23
漁業　23
漁民　23
漁民カースト　24, 25, 36
キリスト教　19, 53
キリスト教宣教師　31, 33, 61
キリスト教徒　25, 26, 31, 33, 38, 54, 85, 87, 93, 94, 102, 105, 156, 157, 164, 166
キリスト教ミッション　93, 157
儀礼　76
儀礼的義務　49
銀行　11
禁酒運動　31, 32, 33, 190
キンナラ　6, 18, 19, 49, 50, 57

【く】

クーデター　164, 165, 167, 172–174, 176, 180, 185
クオータ制　167
クシャトリヤ　24, 39, 65, 192
クスマー・ラージャラトネ　130
グナシンハ，A. E.　192
グナーナシハー　97, 98, 173
グラファイト　31, 32
クララトネ, P. ダ・S.　37, 48, 59, 61–63, 74, 90–92, 109
クル族　24
グナワルダナ，フィリップ・　106, 134, 136, 158
軍人　172
軍隊　28, 153, 156, 161–163, 172, 175, 181, 189, 190
軍隊の仏教徒化　160, 164

【け】

警察　120, 153, 156, 172
警察長官　128
ゲート・ムダリヤール　29
ケーララ地域　22
結婚　17, 22, 49, 50, 54–56, 59, 72, 191
ケラニヤ　134
ケラニヤ寺院　32, 100
権威主義　173
権威主義的体制　173, 176
権限委譲　47
言語政策　118
言語戦線　105, 106
憲法　173

【こ】

ゴイガマ　6–10, 18–22, 24, 27–32, 34–39, 47, 49, 50, 52, 53, 55, 57, 58, 64, 70, 71, 73, 78, 81, 89–91, 190, 191, 193
ゴイガマ地主　23
高位カースト　6, 18, 19, 36, 56–58
絞首刑　134
高地シンハラ人　28, 84, 130
校長　58
高等教育　30
候補者　7, 50, 51
公用語化　121, 188
公用語化政策　82
公用語政策　104
公用語法案　119, 129
港湾　27
コーッテ王国　22, 23
コーヒー・プランテーション　26
ゴール　26, 35, 66
コールブルック，W. M. G.　45
コールブルック・キャメ

ヴェッラーラ　25, 36
ウェリカダ刑務所　134
魚税　27
ウポーサタ　168

【え】

英語　119
英語教育　38
英連邦王国　11
エスニックな分断　21
エスニック・マイノリティ　5
エッラポラ　90
エラーラ　84, 161
エリート　7, 9–11, 26, 29, 31, 32, 34, 35, 38, 39, 55, 58, 87, 109, 190, 191
エリート校　61

【お】

王権　22
オースティン，ジェーン・　53
オーストラリア　70
オランダ　92
オランダ時代　28
オランダ人　27, 34
オルコット，ヘンリー・スティール・　61, 157

【か】

カースト　53
カースト・アイデンティティ　39
カースト意識　38, 49, 50
カースト・エチケット　57
カースト隔離　59
カースト規制　59, 60, 73
カースト作法　59
カースト制度　192
カースト的抑圧　98
カースト・ヒエラルキー　39, 49, 57
カースト紛争　59, 60
海運会社　136
階級　21
階級意識　38
海軍　128
外国人嫌悪　152
外国人宣教師　128
改宗　19, 93
外集団　194
カウラワ　24
革命的ランカ平等社会党　106
閣僚　8
下士官　172
カタラガマ　165
学校　58
学校の国有化　93, 112, 189
カトリック　94, 106
カトリック・アクション　167, 168
カトリック教会　86, 97, 106, 107
カトリック教徒　25, 85, 97, 105, 128, 152, 164, 166–168
カトリック・コミュニティ　158
カトリック連合　168
ガハラ　18
カラーワ　8–10, 12, 17, 20, 22–39, 47, 48, 52, 55, 57, 59, 61, 62, 65, 71, 77, 81, 83, 87, 90–92, 101, 109, 111, 117, 122, 126, 130, 149, 155, 175, 187, 190, 192, 193
カライヤール　24, 25
ガラスの天井　74, 191
カリスマ　150, 151
ガル・オヤ　121
カルナーティラケ，ディンギ・　48, 72
ガンディー　159
ガンディー，インディラ・　151
カンデヨ　18

【き】

企業家　25
北インド　22
ギャムヌ・ウォッチ　161, 162, 181
キャメロン，C. H.　45
キャンディ　35, 55, 86, 96, 121

索　引

【アルファベット】

BC協定→バンダーラナーヤカ・セルワナーヤガム協定
BJB　99, 126, 167, 168, 172, 175, 189
JHU　192
JVP　37, 38, 184
KSDカースト　9, 22
LSSP　38, 87, 171, 172
LTTE→タミル・イーラム解放のトラ
YMBA→青年仏教徒協会

【あ】

アーナンダ・カレッジ　61–63, 74, 91, 99, 100
アーユルヴェーダ　23, 91, 103, 133, 138
アーユルヴェーダ協会　105
アーリヤ系　22
アイデンティティ　74, 109, 191–194
アウトカースト　18
悪霊払い　76
アジア内交易　26
アスギリヤ支派　101
アソシエイテッド・モーターウェイズ　66
アットゥガーリ, D. C. G.　32
アヌラーダプラ　89, 162, 169
アマラプラ・ニカーヤ　89, 90, 101, 192
アラック　23, 27–32, 39
アラック・レンティング　27, 28, 33
アル・フタイム　66
暗殺　68, 101, 133, 137, 139
アンバランゴダ　61, 64, 77
アンバランゴダ・バラピティヤ選挙区　63, 77

【い】

異カースト　56
異カースト婚　6, 21, 56
イギリス　35, 61, 70, 82, 92, 96, 190
イギリス支配　26
イギリス人　27, 52, 96
医師　104
イスラーム　53
イデオロギー　126, 189–191
衣服　57
インド　5, 22–24, 53, 72, 119, 190, 192
インド拡張主義　38
インド系企業　86
インド系タミル人　73, 152
インド人問題　86, 102
インド・ヨーロッパ語族　22
院内総務　67

【う】

ヴァチカン　168
ヴァルナ　24
ウィクレマシンハ博士　184
ウィサーカー・ウィディヤーラヤー　33
ウィジェーウィーラ, ローハナ・　38, 184
ウィジェーラトネ, E. A. P.　83
ウィジェーワルダナ, D. C.　90
ウィジェーワルダナ, ウィマラ・　135, 136
ウィジャヤワルダナ, D. R.　32
ウィディヤーランカーラ僧院学校　125
ウィディヨーダヤ僧院学校　125
ウーワ地域　130
ウェスリー・カレッジ　61

【著者紹介】
川島耕司（かわしまこうじ）
1958年　岐阜県に生まれる
1994年　ロンドン大学東洋アフリカ研究学院（SOAS）より
Ph.D.取得
1995年　名古屋大学大学院文学研究科博士後期課程単位取得
退学
現　在　国士舘大学政経学部教授

主要著書
『スリランカと民族―シンハラ・ナショナリズムの形成とマイノリティ集団―』明石書店，2006年。

スリランカ政治とカースト
―N. Q. ダヤスとその時代　1956～1965―

■発　行――2019年2月25日初版第1刷
■著　者――川島耕司
■発行者――中山元春
■発行所――株式会社芦書房
〒101－0048東京都千代田区神田司町２－５
電話03－3293－0556　FAX03－3293－0557
http://www.ashi.co.jp
■印　刷――モリモト印刷
■製　本――モリモト印刷

ISBN978-4-7556-1300-5 C0031